FÉLIX ALCAN, Éditeur

ANCIENNE LIBRAIRIE GERMER BAILLIÈRE ET Cᵉ

PHILOSOPHIE — HISTOIRE

CATALOGUE

DES

Livres de Fonds

On peut se procurer tous les ouvrages qui se trouvent dans ce Catalogue par l'intermédiaire des libraires de France et de l'Étranger.

On peut également les recevoir franco par la poste, sans augmentation des prix désignés, en joignant à la demande des TIMBRES-POSTE FRANÇAIS OU UN MANDAT SUR Paris.

108, BOULEVARD SAINT-GERMAIN, 108

PARIS, 6ᵉ

OCTOBRE 1905

Les titres précédés d'un *astérisque* sont recommandés par le Ministère de l'Instruction publique pour les Bibliothèques des élèves et des professeurs et pour les distributions de prix des lycées et collèges.

BIBLIOTHÈQUE DE PHILOSOPHIE CONTEMPORAINE
Volumes in-16, brochés, à 2 fr. 50.
Cartonnés toile, 3 francs. — En demi-reliure, plats papier, 4 francs.

La *psychologie*, avec ses auxiliaires indispensables, *l'anatomie et la physiologie du système nerveux, la pathologie mentale, la psychologie des races inférieures et des animaux, les recherches expérimentales des laboratoires;* — la *logique;* — les *théories générales fondées sur les découvertes scientifiques;* — *l'esthétique;* — les *hypothèses métaphysiques;* — *la criminologie et la sociologie;* — *l'histoire des principales théories philosophiques;* tels sont les principaux sujets traités dans cette Bibliothèque.

ALLIER (R.). *La Philosophie d'Ernest Renan. 2ᵉ édit. 1903.

ARRÉAT (L.). * La Morale dans le drame, l'épopée et le roman. 3ᵉ édition.

— *Mémoire et imagination (Peintres, Musiciens, Poètes, Orateurs). 2ᵉ édit.

— Les Croyances de demain. 1898.

— Dix ans de philosophie. 1900.

— Le Sentiment religieux en France. 1903.

BALLET (G.). Le Langage intérieur et les diverses formes de l'aphasie. 2ᵉ édit.

BAYET (A.). La morale scientifique. 1905.

BEAUSSIRE, de l'Institut. * Antécédents de l'hégél. dans la philos. française.

BERGSON (H.), de l'Institut, professeur au Collège de France. *Le Rire. Essai sur la signification du comique. 3ᵉ édition. 1904.

BERTAULD. De la Philosophie sociale.

BINET (A.), directeur du lab. de psych. physiol. de la Sorbonne. La Psychologie du raisonnement, expériences par l'hypnotisme. 3ᵉ édit.

BLONDEL. Les Approximations de la vérité. 1900.

BOS (C.), docteur en philosophie. * Psychologie de la croyance. 2ᵉ édit. 1905.

BOUCHER (M.). L'hyperespace, le temps, la matière et l'énergie. 2ᵉ édit. 1905.

BOUGLÉ, prof. à l'Univ. de Toulouse. Les Sciences sociales en Allemagne. 2ᵉ éd. 1902.

BOURDEAU (J.). Les Maîtres de la pensée contemporaine. 4ᵉ édit. 1906.

— Socialistes et sociologues. 1905.

BOUTROUX, de l'Institut. * De la contingence des lois de la nature. 5ᵉ éd. 1905.

BRUNSCHVICG, professeur au lycée Henri IV, docteur ès lettres. *Introduction à la vie de l'esprit. 2ᵉ édit. 1906.

— L'Idéalisme contemporain. 1905.

CARUS (P.). *Le Problème de la conscience du moi, trad. par M. A. Monod.

COSTE (Ad.). Dieu et l'âme. 2ᵉ édit. précédée d'une préface par R. Worms. 1903.

CRESSON (A.), docteur ès lettres. La Morale de Kant. 2ᵉ édit. (Cour. par l'Institut.)

— Le Malaise de la pensée philosophique. 1905.

DANVILLE (Gaston). Psychologie de l'amour. 3ᵉ édit. 1903.

DAURIAC (L.). La Psychologie dans l'Opéra français (Auber, Rossini, Meyerbeer).

DUGAS, docteur ès lettres. * Le Psittacisme et la pensée symbolique. 1896.

— La Timidité. 3ᵉ éd. 1903.

— Psychologie du rire. 1902.

— L'absolu. 1904.

DUNAN, docteur ès lettres. La théorie psychologique de l'Espace.

DUPRAT (G.-L.), docteur ès lettres. Les Causes sociales de la Folie. 1900.

— Le Mensonge. *Etude psychologique.* 1903.

DURAND (de Gros). * Questions de philosophie morale et sociale. 1902.

DURKHEIM (Émile), chargé du cours de pédagogie à la Sorbonne.* Les règles de la méthode sociologique. 3ᵉ édit. 1904.

D'EICHTHAL (Eug.). Les Problèmes sociaux et le Socialisme. 1899.

Suite de la *Bibliothèque de philosophie contemporaine*, format in-12, à 2 fr. 50 le vo

ENCAUSSE (Papus). L'occultisme et le spiritualisme. 2ᵉ édit. 1903.

ESPINAS (A.), de l'Institut, prof. à la Sorbonne. * La Philosophie expérimentale en Italie.

FAIVRE (E.). De la Variabilité des espèces.

FÉRÉ (Ch.). Sensation et Mouvement. Étude de psycho-mécanique, avec fig. 2ᵉ éd.
— Dégénérescence et Criminalité, avec figures. 3ᵉ édit.

FERRI (E.). *Les Criminels dans l'Art et la Littérature. 2ᵉ édit. 1902.

FIERENS-GEVAERT. Essai sur l'Art contemporain. 2ᵉ éd. 1903. (Cour. par l'Ac. fr.).
— La Tristesse contemporaine, essai sur les grands courants moraux et intellectuels du xixᵉ siècle. 4ᵉ édit. 1904. (Couronné par l'Institut.)
— *Psychologie d'une ville. *Essai sur Bruges.* 2ᵉ édit. 1902.
— Nouveaux essais sur l'Art contemporain. 1903.

FLEURY (Maurice de). L'Ame du criminel. 1898.

FONSEGRIVE, professeur au lycée Buffon. La Causalité efficiente. 1893.

FOUILLÉE (A.), de l'Institut. La propriété sociale et la démocratie. 4ᵉ éd. 1904.

FOURNIÈRE (E.). Essai sur l'individualisme. 1901.

FRANCK (Ad.), de l'Institut. * Philosophie du droit pénal. 5ᵉ édit.

GAUCKLER. Le Beau et son histoire.

GELEY (Dʳ G.). L'être subconscient. 2ᵉ édit. 1905.

GOBLOT (E.), professeur à l'Université de Caen. Justice et liberté. 1902.

GODFERNAUX (G.), docteur ès lettres. Le Sentiment et la Pensée, 2ᵉ éd. 1906.

GRASSET (J.), professeur à la Faculté de médecine de Montpellier. Les limites de la biologie. 3ᵉ édit. 1906. Préface de Paul BOURGET.

GREEF (de). Les Lois sociologiques. 3ᵉ édit.

GUYAU. * La Genèse de l'idée de temps. 2ᵉ édit.

HARTMANN (E. de). La Religion de l'avenir. 5ᵉ édit.
— Le Darwinisme, ce qu'il y a de vrai et de faux dans cette doctrine. 6ᵉ édit.

HERBERT SPENCER. * Classification des sciences. 6ᵉ édit.
— L'Individu contre l'État. 5ᵉ édit.

HERCKENRATH. (C.-R.-C.) Problèmes d'Esthétique et de Morale. 1897.

JAELL (Mᵐᵉ). *La Musique et la psycho-physiologie. 1895.
— L'intelligence et le rythme dans les mouvements artistiques, avec fig. 1904.

JAMES (W.). La théorie de l'émotion, préf. de G. DUMAS, chargé de cours à la Sorbonne. Traduit de l'anglais. 1902.

JANET (Paul), de l'Institut. *La Philosophie de Lamennais.

LACHELIER, de l'Institut. Du fondement de l'induction, suivi de psychologie et métaphysique. 4ᵉ édit. 1902.

LAISANT (C.). L'Éducation fondée sur la science. Préface de A. NAQUET. 2ᵉ éd. 1905.

LAMPÉRIÈRE (Mᵐᵉ A.). * Rôle social de la femme, son éducation. 1898.

LANDRY (A.), agrégé de philos., docteur ès lettres. La responsabilité pénale. 1902.

LANESSAN (J.-L. de). La Morale des philosophes chinois. 1896.

LANGE, professeur à l'Université de Copenhague. *Les Émotions, étude psycho-physiologique, traduit par G. Dumas. 2ᵉ édit. 1902.

LAPIE, maître de conf. à l'Univ. de Bordeaux. La Justice par l'État. 1899.

LAUGEL (Auguste). L'Optique et les Arts.

LE BON (Dʳ Gustave). * Lois psychologiques de l'évolution des peuples. 7ᵉ édit.
— *Psychologie des foules. 10ᵉ édit.

LÉCHALAS. *Étude sur l'espace et le temps. 1895.

LE DANTEC, chargé du cours d'Embryologie générale à la Sorbonne. Le Déterminisme biologique et la Personnalité consciente. 2ᵉ édit.
— * L'Individualité et l'Erreur individualiste. 2ᵉ édit. 1905.
— Lamarckiens et Darwiniens, 2ᵉ édit. 1904.

LEFÈVRE (G.), prof. à l'Univ. de Lille. Obligation morale et idéalisme. 1895.

LIARD, de l'Inst., vice-rect. Acad. Paris. *Les Logiciens anglais contemporains 4ᵉ éd.
— Des définitions géométriques et des définitions empiriques. 3ᵉ édit.

LICHTENBERGER (Henri), maître de conférences à la Sorbonne. *La philosophie de Nietzsche. 9ᵉ édit. 1906.
— * Friedrich Nietzsche. Aphorismes et fragments choisis. 3ᵉ édit. 1905.

Suite de la *Bibliothèque de philosophie contemporaine*, format in-12, à 2 fr. 50 le vol.

LOMBROSO. L'Anthropologie criminelle et ses récents progrès. 4ᵉ édit. 1901.
— Les Applications de l'anthropologie criminelle. 1892.
LUBBOCK (Sir John). * Le Bonheur de vivre. 2 volumes. 9ᵉ édit. 1905.
— *L'Emploi de la vie. 6ᵉ éd. 1905.
LYON (Georges), recteur de l'Académie de Lille. * La Philosophie de Hobbes.
MARGUERY (E.). L'Œuvre d'art et l'évolution. 2ᵉ édit. 1905.
MAUXION, professeur à l'Université de Poitiers. * L'éducation par l'instruction
    et les *Théories pédagogiques de Herbart*. 1900.
— *Essai sur les éléments et l'évolution de la moralité. 1904.
MILHAUD (G.), professeur à l'Université de Montpellier. * Le Rationnel. 1898.
— *Essai sur les conditions et les limites de la Certitude logique. 2ᵉ édit. 1898.
MOSSO. *La Peur. Étude psycho-physiologique (avec figures). 3ᵉ édit.
— *La Fatigue intellectuelle et physique, trad. Langlois. 5ᵉ édit.
MURISIER (E.), professeur à la Faculté des lettres de Neuchâtel (Suisse). Les
    Maladies du sentiment religieux. 2ᵉ édit. 1903.
NAVILLE (E.), doyen de la Faculté des lettres et sciences sociales de l'Université
    de Genève. Nouvelle classification des sciences. 2ᵉ édit. 1901.
NORDAU (Max). *Paradoxes psychologiques, trad. Dietrich. 5ᵉ édit. 1904.
— Paradoxes sociologiques, trad. Dietrich. 4ᵉ édit. 1904.
— * Psycho-physiologie du Génie et du Talent, trad. Dietrich. 3ᵉ édit. 1902.
NOVICOW (J.). L'Avenir de la Race blanche. 2ᵉ édit. 1903.
OSSIP-LOURIÉ, lauréat de l'Institut. Pensées de Tolstoï. 2ᵉ édit. 1902.
— * Nouvelles Pensées de Tolstoï. 1903.
— * La Philosophie de Tolstoï. 2ᵉ édit. 1903.
— * La Philosophie sociale dans le théâtre d'Ibsen. 1900.
— Le Bonheur et l'Intelligence. 1904.
PALANTE (G.), agrégé de l'Université. Précis de sociologie. 2ᵉ édit. 1903.
PAULHAN (Fr.). Les Phénomènes affectifs et les lois de leur apparition. 2ᵉ éd. 1901.
— * Joseph de Maistre et sa philosophie. 1893.
— *Psychologie de l'invention. 1900.
— *Analystes et esprits synthétiques. 1903.
— La fonction de la mémoire et le souvenir affectif. 1904.
PHILIPPE (J.). L'Image mentale, avec fig. 1903.
PHILIPPE (J.) et PAUL-BONCOUR (J.). Les anomalies mentales chez les écoliers. 1905.
PILLON (F.). * La Philosophie de Ch. Secrétan. 1898.
PIOGER (Dʳ Julien). Le Monde physique, essai de conception expérimentale. 1893.
QUEYRAT, prof. de l'Univ. * L'Imagination et ses variétés chez l'enfant. 2ᵉ édit.
— *L'Abstraction, son rôle dans l'éducation intellectuelle. 1894.
— * Les Caractères et l'éducation morale. 2ᵉ éd. 1901.
— *La logique chez l'enfant et sa culture. 1902.
— *Les jeux des enfants. 1905.
REGNAUD (P.), professeur à l'Université de Lyon. Logique évolutionniste. *L'Entendement dans ses rapports avec le langage*. 1897.
— Comment naissent les mythes. 1897.
RENARD (Georges), professeur au Conservatoire des arts et métiers. Le régime
    socialiste, *son organisation politique et économique*. 5ᵉ édit. 1905.
RÉVILLE (A.), professeur au Collège de France. Histoire du dogme de la Divi-
    nité de Jésus-Christ. 3ᵉ édit. 1904.
RIBOT (Th.), de l'Institut, professeur honoraire au Collège de France, directeur
    de la *Revue philosophique*. La Philosophie de Schopenhauer. 10ᵉ édition.
— * Les Maladies de la mémoire. 18ᵉ édit.
— * Les Maladies de la volonté. 21ᵉ édit.
— * Les Maladies de la personnalité. 11ᵉ édit.
— * La Psychologie de l'attention. 6ᵉ édit.
RICHARD (G.), chargé du cours de sociologie à l'Université de Bordeaux. * Socia-
    lisme et Science sociale. 2ᵉ édit.
RICHET (Ch.). Essai de psychologie générale. 5ᵉ édit. 1903.
ROBERTY (E. de). L'Inconnaissable, sa métaphysique, sa psychologie.
— L'Agnosticisme. Essai sur quelques théories pessim. de la connaissance. 2ᵉ édit.

Suite de la *Bibliothèque de philosophie contemporaine,* format in-12 à 2 fr. 50 le vol.

ROBERTY (E. de). La Recherche de l'Unité. 1893.
— Auguste Comte et Herbert Spencer. 2° édit.
— *Le Bien et le Mal. 1896.
— Le Psychisme social. 1897.
— Les Fondements de l'Ethique. 1898.
— Constitution de l'Éthique. 1901.
ROISEL. De la Substance.
— L'Idée spiritualiste. 2° éd. 1901.
ROUSSEL-DESPIERRES. L'Idéal esthétique. *Philosophie de la beauté.* 1904.
SCHOPENHAUER. *Le Fondement de la morale, trad. par M. A. Burdeau. 7° édit.
— *Le Libre arbitre, trad. par M. Salomon Reinach, de l'Institut. 8° éd.
— Pensées et Fragments, avec intr. par M. J. Bourdeau. 18° édit.
— Écrivains et style. Traduct. Dietrich. 1905.
SOLLIER (Dr P.). Les Phénomènes d'autoscopie, avec fig. 1903.
STUART MILL. *Auguste Comte et la Philosophie positive. 6° édit.
— * L'Utilitarisme. 4° édit.
— Correspondance inédite avec Gust. d'Eichthal (1828-1842)—(1864-1871). 1898.
   Avant-propos et trad. par Eug. d'Eichthal.
SULLY PRUDHOMME, de l'Académie française, et Ch. RICHET, professeur à l'Université de Paris. Le problème des causes finales. 2° édit. 1904.
SWIFT. L'Éternel conflit. 1901.
TANON (L.). * L'Évolution du droit et la Conscience sociale. 2° édit. 1905.
TARDE, de l'Institut. La Criminalité comparée. 5° édit. 1902.
— * Les Transformations du Droit. 2° édit. 1899.
— *Les Lois sociales. 4° édit. 1904.
THAMIN (R.), recteur de l'Acad. de Bordeaux. *Éducation et Positivisme 2° édit.
THOMAS (P. Félix). * La suggestion, son rôle dans l'éducation. 2° édit. 1898.
— *Morale et éducation, 2° édit. 1905.
TISSIÉ. * Les Rêves, avec préface du professeur Azam. 2° éd. 1898.
WECHNIAKOFF. Savants, penseurs et artistes, publié par Raphael Petrucci.
WUNDT. Hypnotisme et Suggestion. Étude critique, traduit par M. Keller. 2° édit. 1902.
ZELLER. Christian Baur et l'École de Tubingue, traduit par M. Ritter.
ZIEGLER. La Question sociale est une Question morale, trad. Palante. 3° édit

---

BIBLIOTHÈQUE DE PHILOSOPHIE CONTEMPORAINE

Volumes in-8, brochés à 3 fr. 75, 5 fr., 7 fr. 50, 10 fr., 12 fr. 50 et 15 fr.
Cart. angl., 1 fr. en plus par vol.; Demi-rel. en plus, 2 fr. par vol.

ADAM (Ch.), recteur de l'Académie de Nancy. *La Philosophie en France (première moitié du XIX° siècle).   7 fr. 50
ALENGRY (Franck), docteur ès lettres, inspecteur d'académie. *Essai historique et critique sur la Sociologie chez Aug. Comte. 1900.   10 fr.
ARNOLD (Matthew). La Crise religieuse.   7 fr. 5)
ARRÉAT. *Psychologie du peintre.   5 fr
AUBRY (Dr P.). La Contagion du meurtre. 1896. 3° édit.   5 fr.
BAIN (Alex.). La Logique inductive et déductive. Trad. Compayré. 2 vol. 3° éd. 20 fr.
— * Les Sens et l'Intelligence. Trad. Cazelles. 3° édit.   10 fr.
BALDWIN (Mark), professeur à l'Université de Princeton (États-Unis). Le Développement mental chez l'enfant et dans la race. Trad. Nourry. 1897.   7 fr. 50
BARTHÉLEMY-SAINT-HILAIRE, de l'Institut. La Philosophie dans ses rapports avec les sciences et la religion.   5 fr.
BARZELOTTI, prof. à l'Univ. de Rome. *La Philosophie de H. Taine. 1900. 7 fr. 50
BAZAILLAS (A.), docteur ès lettres, professeur au lycée Condorcet. La Vie personnelle, *Étude sur quelques illusions de la perception extérieure.* 1905.   5 fr.
BERGSON (H.), de l'Institut, professeur au Collège de France. * Matière et mémoire, essai sur les relations du corps à l'esprit. 2° édit. 1900.   5 fr.
— Essai sur les données immédiates de la conscience. 4° édit. 1901.   3 fr. 75
BERTRAND, prof. à l'Université de Lyon. * L'Enseignement intégral. 1898.   5 fr.
— Les Études dans la démocratie. 1900.   5 fr.

8ᵉ Année (1903-1904). — H. BOURGIN : La boucherie à Paris au XIXᵉ siècle. — E. DURKHEIM : L'organisation matrimoniale australienne. — *Analyses* 12 fr. 50

EGGER (V.), prof. à la Fac. des lettres de Paris. La parole intérieure. 2ᵉ éd. 1904. 5 fr.

ESPINAS (A.), professeur à la Sorbonne. *La Philosophie sociale du XVIIIᵉ siècle et la Révolution française. 1898.   7 fr. 50

FERRERO (G.). Les Lois psychologiques du symbolisme. 1895.   5 fr

FERRI (Louis). La Psychologie de l'association, depuis Hobbes.   7 fr. 50

FERRI (Enrico). La Sociologie criminelle. Traduction L. TERRIER. 1905.   10 fr.

FINOT (J.). Le préjugé des races. 1905.   7 fr. 50

FLINT, prof. à l'Univ. d'Edimbourg. *La Philos. de l'histoire en Allemagne. 7 fr. 50

FONSEGRIVE, prof. au lycée Buffon. *Essai sur le libre arbitre. 2ᵉ édit. 1895. 10 fr.

FOUCAULT, docteur ès lettres. La psychophysique. 1903.   7 fr. 50
— Le Rêve. 1906.   5 fr.

FOUILLÉE (Alf.), de l'Institut. *La Liberté et le Déterminisme. 4ᵉ édit. 7 fr. 50
— Critique des systèmes de morale contemporains. 4ᵉ édit.   7 fr. 50
— *La Morale, l'Art, la Religion, d'après GUYAU. 5ᵉ édit. augm.   3 fr. 75
— L'Avenir de la Métaphysique fondée sur l'expérience. 2ᵉ édit.   5 fr.
— *L'Évolutionnisme des idées-forces. 3ᵉ édit.   7 fr. 50
— *La Psychologie des idées-forces. 2 vol. 2ᵉ édit.   15 fr.
— *Tempérament et caractère. 3ᵉ édit.   7 fr. 50
— Le Mouvement positiviste et la conception sociol. du monde. 2ᵉ édit. 7 fr. 50
— Le Mouvement idéaliste et la réaction contre la science posit. 2ᵉ édit. 7 fr. 50
— *Psychologie du peuple français. 3ᵉ édit.   7 fr. 50
— *La France au point de vue moral. 2ᵉ édit.   7 fr. 50
— *Esquisse psychologique des peuples européens. 2ᵉ édit. 1903.   10 fr.
— *Nietzsche et l'immoralisme. 2ᵉ édit. 1903.   5 fr.
— Le moralisme de Kant et l'immoralisme contemporain. 1905.   7 fr. 50
— Les éléments sociologiques de la morale. 1906.   7 fr. 50

FOURNIÈRE (E.). *Les théories socialistes au XIXᵉ siècle, de BABEUF à PROUDHON. 1904.   7 fr. 50

FULLIQUET. Essai sur l'Obligation morale. 1898.   7 fr. 50

GAROFALO, prof. à l'Université de Naples. La Criminologie. 5ᵉ édit. refondue. 7 fr. 50
— La Superstition socialiste. 1895.   5 fr.

GÉRARD-VARET, prof. à l'Univ. de Dijon. L'Ignorance et l'Irréflexion. 1899. 5 fr.

GLEY (Dʳ E.), professeur agrégé à la Faculté de médecine de Paris. Etudes de psychologie physiologique et pathologique, avec fig. 1903.   5 fr.

GOBLOT (E.), Prof. à l'Université de Caen. *Classification des sciences. 1898. 5 fr

GORY (G.). L'Immanence de la raison dans la connaissance sensible. 5 fr.

GREEF (de), prof. à l'Univ. nouvelle de Bruxelles. Le Transformisme social. 7 fr. 50
— La sociologie économique. 1904.   3 fr. 75

GROOS (K.), prof. à l'Université de Bâle. *Les jeux des animaux. 1902.   7 fr. 50

GURNEY, MYERS et PODMORE. Les Hallucinations télépathiques, préf. de CH. RICHET. 4ᵉ éd.   7 fr. 50

GUYAU (M.). *La Morale anglaise contemporaine. 5ᵉ édit.   7 fr. 50
— Les Problèmes de l'esthétique contemporaine. 6ᵉ édit.   5 fr.
— Esquisse d'une morale sans obligation ni sanction. 6ᵉ édit.   5 fr.
— L'Irréligion de l'avenir, étude de sociologie. 9ᵉ édit.   7 fr. 50
— *L'Art au point de vue sociologique. 6ᵉ édit.   7 fr. 50
— *Education et Hérédité, étude sociologique. 7ᵉ édit.   5 fr.

HALÉVY (Élie), docteur ès lettres, professeur à l'École des sciences politiques. *La Formation du radicalisme philosophique, 3 vol., chacun   7 fr. 50

HANNEQUIN, prof. à l'Univ. de Lyon. L'hypothèse des atomes. 2ᵉ édit. 1899. 7 fr. 50

HARTENBERG (Dʳ Paul). Les Timides et la Timidité. 2ᵉ édit. 1904.   5 fr.

HÉBERT (M.). L'Évolution de la foi catholique. 1905   5 fr.

HERBERT SPENCER. *Les premiers Principes. Traduc. Cazelles. 9ᵉ éd. 10 fr.
— *Principes de biologie. Traduct. Cazelles. 4ᵉ édit. 2 vol.   20 fr.
— *Principes de psychologie. Trad. par MM. Ribot et Espinas. 2 vol. 20 fr.
— *Principes de sociologie. 4 vol., traduits par MM. Cazelles et Gerschel : Tome I. *Données de la sociologie.* 10 fr. — Tome II. *Inductions de la sociologie. Relations domestiques.* 7 fr. 50. — Tome III. *Institutions cérémonielles et politiques.* 15 fr. — Tome IV. *Institutions ecclésiastiques.* 3 fr. 75. — Tome V. *Institutions professionnelles.* 7 fr. 50

Suite de la *Bibliothèque de philosophie contemporaine*, format in-8.

HERBERT SPENCER. * **Essais sur le progrès.** Trad. A. Burdeau. 5e édit. 7 fr. 50
— **Essais de politique.** Trad. A. Burdeau. 4e édit. 7 fr. 50
— **Essais scientifiques.** Trad. A. Burdeau. 3e édit. 7 fr. 50
— * **De l'Education physique, intellectuelle et morale.** 10e édit. 5 fr.
— **Justice.** 7 fr. 50
— **Le rôle moral de la bienfaisance.** 7 fr. 50
— **La Morale des différents peuples.** 7 fr. 50
HIRTH (G.). * **Physiologie de l'Art.** Trad. et introd. de L. Arréat. 5 fr.
HOFFDING, prof. à l'Univ. de Copenhague. **Esquisse d'une psychologie fondée sur l'expérience.** Trad. L. POITEVIN. Préf. de Pierre JANET. 2e éd. 1903. 7 fr. 50
— **Histoire de la Philosophie moderne.** Traduit de l'allemand par M. BORDIER, préf. de M. V. DELBOS. 1906. T. I. 10 fr. Le tome II terminant l'ouvrage, paraîtra en 1906.
ISAMBERT (G.). **Les idées socialistes en France (1815-1848).** 1905. 7 fr. 50
JACOBY (Dr P.). **Études sur la sélection chez l'homme.** 2e édition. 1904. 10 fr.
JANET (Paul), de l'Institut. * **Les Causes finales.** 4e édit. 10 fr.
— * **Œuvres philosophiques de Leibniz.** 2e édit. 2 vol. 1900. 20 fr.
JANET (Pierre), professeur au Collège de France. * **L'Automatisme psychologique,** 4e édit. 7 fr. 50
JAURÈS (J.), docteur ès lettres. **De la réalité du monde sensible.** 2e éd. 1902. 7 fr. 50
KARPPE (S.), docteur ès lettres. **Essais de critique d'histoire et de philosophie.** 1902. 3 fr. 75
LALANDE (A.), maître de conférences à la Sorbonne, * **La Dissolution opposée à l'évolution,** dans les sciences physiques et morales. 1899. 7 fr. 50
LANDRY (A.), docteur ès lettres, agrégé de philosophie. **Principes de morale rationnelle.** 1906. 5 fr.
LANESSAN (J.-L. de). **La Morale des religions.** 1905. 10 fr.
LANG (A.). * **Mythes, Cultes et Religion.** introduc. de Léon Marillier. 1896. 10 fr.
LAPIE (P.), maît. de conf. à l'Univ. de Bordeaux. **Logique de la volonté** 1902. 7 fr. 50
LAUVRIÈRE, docteur ès lettres, prof. au lycée Charlemagne. **Edgar Poë.** *Sa vie et son œuvre. Essai de psychologie pathologique.* 1904. 10 fr.
LAVELEYE (de). * **De la Propriété et de ses formes primitives.** 5e édit. 10 fr.
— * **Le Gouvernement dans la démocratie.** 2 vol. 3e édit. 1896. 15 fr.
LE BON (Dr Gustave). * **Psychologie du socialisme.** 4e éd. refondue. 1905. 7 fr. 50
LECHALAS (G.). **Études esthétiques.** 1902. 5 fr.
LECHARTIER (G.). **David Hume, moraliste et sociologue.** 1900. 5 fr.
LECLÈRE (A.), docteur ès lettres. **Essai critique sur le droit d'affirmer.** 1901. 5 fr.
LE DANTEC, chargé de cours à la Sorbonne. **L'unité dans l'être vivant.** 1902. 7 fr. 50
— **Les Limites du connaissable,** *la vie et les phénom. naturels.* 2e éd. 1904. 3 fr. 75
LÉON (Xavier). * **La philosophie de Fichte,** *ses rapports avec la conscience contemporaine,* Préface de E. BOUTROUX, de l'Institut. 1902. (Couronné par l'Institut.) 10 fr.
LEROY (E. Bernard). **Le Langage.** *La fonction normale et pathologique de cette fonction.* 1905. 5 fr.
LÉVY (A.), maître de conf. à l'Un. de Nancy. **La philosophie de Feuerbach.** 1904. 10 fr.
LÉVY-BRUHL (L.), prof. adjoint à la Sorbonne. * **La Philosophie de Jacobi.** 1894. 5 fr.
— * **Lettres inédites de J.-S. Mill à Auguste Comte,** *publiées avec les réponses de Comte et une introduction.* 1899. 10 fr.
— * **La Philosophie d'Auguste Comte.** 2e édit. 1905. 7 fr. 50
— * **La Morale et la Science des mœurs.** 2e édit. 1905. 5 fr.
LIARD, de l'Institut, vice-recteur de l'Acad. de Paris. * **Descartes,** 2e éd. 1903. 5 fr.
— * **La Science positive et la Métaphysique,** 5e édit. 7 fr. 50
LICHTENBERGER (H.), maître de conférences à la Sorbonne. * **Richard Wagner, poète et penseur.** 3e édit. 1902. (Couronné par l'Académie française.) 10 fr.
— **Henri Heine penseur.** 1905. 3 fr. 75
LOMBROSO. * **L'Homme criminel** (criminel-né, fou-moral, épileptique), précédé d'une préface de M. le docteur LETOURNEAU. 3e éd., 2 vol. et atlas. 1895. 36 fr.
LOMBROSO et FERRERO. **La femme criminelle et la prostituée.** 15 fr.
LOMBROSO et LASCHI. **Le Crime politique et les Révolutions.** 2 vol. 15 fr.
LUBAC, prof. au lycée de Constantine. * **Esquisse d'un système de psychologie rationnelle.** Préface de H. BERGSON. 1904. 3 fr. 75
LYON (Georges), recteur de l'Académie de Lille. * **L'Idéalisme en Angleterre au XVIIIe siècle.** 7 fr. 50

Suite de la *Bibliothèque de philosophie contemporaine*, format in-8.

MALAPERT (P.), docteur ès lettres, prof. au lycée Louis-le-Grand. *Les Eléments du caractère et leurs lois de combinaison. 1897.   5 fr.

MARION (H.), prof. à la Sorbonne. *De la Solidarité morale. 6ᵉ édit. 1897.   5 fr.

MARTIN (Fr.), docteur ès lettres, prof. au lycée Voltaire. *La Perception extérieure et la Science positive, essai de philosophie des sciences. 1894.   5 fr.

MAXWELL (J.), docteur en médecine, avocat général près la Cour d'appel de Bordeaux. Les Phénomènes psychiques. Recherches, Observations, Méthodes. Préface de Ch. Richet. 2ᵉ édit. 1904.   5 fr.

MULLER (Max), prof. à l'Univ. d'Oxford. *Nouvelles études de mythologie. 1898. 12 f.50

MYERS. La personnalité humaine. *Sa survivance après la mort, ses manifestations supra-normales.* Traduit par le docteur JANKÉLÉVITCH. 1905.   7 fr. 50

NAVILLE (E.), correspondant de l'Institut. La Physique moderne. 2ᵉ édit.   5 fr.
— *La Logique de l'hypothèse. 2ᵉ édit.   5 fr.
— *La Définition de la philosophie. 1894.   5 fr.
— Le libre Arbitre. 2ᵉ édit. 1898.   5 fr.
— Les Philosophies négatives. 1899.   5 fr.

NORDAU (Max). *Dégénérescence. Tome I. 7 fr. 50. Tome II. 7ᵉ éd. 1904. 2 vol. 10 fr.
— Les Mensonges conventionnels de notre civilisation. 7ᵉ édit. 1904.   5 fr.
— *Vus du dehors. *Essais de critique sur quelques auteurs français contemp.* 1903. 5 fr.

NOVICOW. Les Luttes entre Sociétés humaines. 3ᵉ édit.   10 fr.
— *Les Gaspillages des sociétés modernes. 2ᵉ édit. 1899.   5 fr.
— La Justice et l'expansion de la vie. *Essai sur le bonheur des sociétés.* 1905. 7 fr. 50

OLDENBERG, professeur à l'Université de Kiel. *Le Bouddha, sa Vie, sa Doctrine, sa Communauté, trad. par P. FOUCHER, maître de conférences à l'École des Hautes Études. Préf. de SYLVAIN LÉVI, prof. au Collège de France. 2ᵉ éd. 1903. 7 fr. 50
— La religion du Véda. Traduit par V. HENRY, prof. à la Sorbonne. 1903.   10 fr.

OSSIP-LOURIÉ. La philosophie russe contemporaine. 2ᵉ édit. 1905.   5 fr.
— La Psychologie des romanciers russes au XIXᵉ siècle. 1905.   7 fr. 50

OUVRÉ (H.), professeur à l'Université de Bordeaux. *Les Formes littéraires de la pensée grecque. 1900. (Couronné par l'Académie française.)   10 fr.

PALANTE (G.). Combat pour l'individu. 1904. 1 vol. in-8.   3 fr. 75

PAULHAN. L'Activité mentale et les Éléments de l'esprit.   10 fr.
— *Les Caractères. 2ᵉ édit.   5 fr.
— Les Mensonges du caractère. 1905.   5 fr.

PAYOT (J.), Recteur de l'Académie de Chambéry. La croyance. 2ᵉ édit. 1905. 5 fr.
— *L'Éducation de la volonté. 21ᵉ édit. 1905.   5 fr.

PÉRÈS (Jean), professeur au lycée de Toulouse. *L'Art et le Réel. 1898. 3 fr. 75

PÉREZ (Bernard). Les Trois premières années de l'enfant. 5ᵉ édit.   5 fr.
— L'Éducation morale dès le berceau. 4ᵉ édit. 1901.   5 fr.
— *L'Éducation intellectuelle dès le berceau. 2ᵉ éd. 1901.   5 fr.

PIAT (C.). La Personne humaine. 1898. (Couronné par l'Institut).   7 fr. 50
— *Destinée de l'homme. 1898.   5 fr.

PICAVET (E.), secrét. général du Collège de France, directeur à l'École des hautes études. *Les Idéologues. (Couronné par l'Académie française.)   10 fr.

PIDERIT. La Mimique et la Physiognomonie. Trad. par M. Girot.   5 fr.

PILLON (F.). *L'Année philosophique. 14 années : 1890, 1891, 1892, 1893 (épuisée), 1894, 1895, 1896, 1897, 1898, 1899, 1900, 1901, 1902, 1903, 1904. 14 vol. Chac. 5 fr

PIOGER (J.). La Vie et la Pensée, essai de conception expérimentale. 1894.   5 fr.
— La Vie sociale, la Morale et le Progrès. 1894.   5 fr.

PREYER, prof. à l'Université de Berlin. Éléments de physiologie.   5 fr.

PROAL, conseiller à la Cour de Paris. *La Criminalité politique. 1895.   5 fr.
— *Le Crime et la Peine. 3ᵉ édit. (Couronné par l'Institut.)   10 fr.
— Le Crime et le Suicide passionnels. 1900. (Couronné par l'Ac. française.) 10 fr.

RAGEOT (G.), professeur au Lycée Saint-Louis. Le Succès. 1906.   5 fr.

RAUH, chargé de cours à la Sorbonne. *De la méthode dans la psychologie des sentiments. 1899. (Couronné par l'Institut.)   5 fr.
— *L'Expérience morale. 1903. (Récompensé par l'Institut.)   3 fr. 75

RÉCEJAC, doct. ès lett. Les Fondements de la Connaissance mystique. 1897. 5 fr.

RENARD (G.), professeur au Conservatoire des arts et métiers. *La Méthode scientifique de l'histoire littéraire. 1900.   10 fr.

RENOUVIER (Ch.) de l'Institut. *Les Dilemmes de la métaphysique pure. 1900. 5 fr.

Suite de la *Bibliothèque de philosophie contemporaine*, format in-8.

RENOUVIER (Ch.). *Histoire et solution des problèmes métaphysiques. 1901 7 fr. 50
— Le personnalisme, avec une étude sur la *perception externe et la force*. 1903. 10 fr.
— Critique de la doctrine de Kant. 1906 7 fr. 50
RIBERY, doct. ès lett. Essai de classification naturelle des caractères. 1903. 3 fr. 75
RIBOT (Th.), de l'Institut. * L'Hérédité psychologique. 5ᵉ édit. 7 fr. 50
— * La Psychologie anglaise contemporaine. 3ᵉ édit. 7 fr. 50
— * La Psychologie allemande contemporaine. 5ᵉ édit. 7 fr. 50
— La Psychologie des sentiments. 4ᵉ édit. 1903. 7 fr. 50
— L'Évolution des idées générales. 2ᵉ édit. 1903. 5 fr.
— * Essai sur l'Imagination créatrice. 2ᵉ édit. 1905. 5 fr.
— La logique des sentiments. 1905. 3 fr. 75
RICARDOU (A.), docteur ès lettres. * De l'Idéal. (Couronné par l'Institut.) 5 fr.
RICHARD (G.), chargé du cours de sociologie à l'Univ. de Bordeaux. *L'idée d'évolution dans la nature et dans l'histoire. 1903. (Couronné par l'Institut.) 7 fr. 50
RIGNANO (E.). La transmissibilité des caractères acquis. 1906. 5 fr.
ROBERTY (E. de). L'Ancienne et la Nouvelle philosophie. 7 fr. 50
— * La Philosophie du siècle (positivisme, criticisme, évolutionnisme). 5 fr.
— Nouveau Programme de sociologie. 1904. 5 fr.
ROMANES. * L'Évolution mentale chez l'homme. 7 fr. 50
RUYSSEN (Th.), chargé de cours à l'Université d'Aix. Essai sur l'évolution psychologique du jugement. 5 fr.
SABATIER, doyen de la Fac. des sc. de Montpellier. *Philosophie de l'effort. 1903. 7 fr. 50
SAIGEY (E.). *Les Sciences au XVIIIᵉ siècle. La Physique de Voltaire. 5 fr.
SAINT-PAUL (Dʳ G.). Le Langage intérieur et les paraphasies. 1904. 5 fr.
SANZ Y ESCARTIN. L'Individu et la Réforme sociale, trad. Dietrich. 7 fr. 50
SCHOPENHAUER. Aphor. sur la sagesse dans la vie. Trad. Cantacuzène. 7ᵉ éd. 5 fr.
— *Le Monde comme volonté et comme représentation. 3ᵉ éd. 3 vol. chac. 7 fr. 50
SÉAILLES (G.), prof. à la Sorbonne. Essai sur le génie dans l'art. 2ᵉ édit. 5 fr.
— La Philosophie de Ch. Renouvier. *Introduction au néo-criticisme*. 1905. 7 fr. 50
SIGHELE (Scipio). La Foule criminelle. 2ᵉ édit. 1901. 5 fr.
SOLLIER. Le Problème de la mémoire. 1900. 3 fr. 75
— Psychologie de l'idiot et de l'imbécile, avec 12 pl. hors texte. 2ᵉ éd. 1902. 5 fr.
— Le Mécanisme des émotions. 1905. 5 fr.
SOURIAU (Paul), prof. à l'Univ. de Nancy. L'Esthétique du mouvement. 5 fr.
— La Beauté rationnelle. 1904. 10 fr.
STEIN (L.), professeur à l'Université de Berne. *La Question sociale au point de vue philosophique. 1900. 10 fr.
STUART MILL. * Mes Mémoires. Histoire de ma vie et de mes idées. 3ᵉ éd. 5 fr.
— * Système de Logique déductive et inductive. 4ᵉ édit. 2 vol. 20 fr.
— * Essais sur la Religion. 3ᵉ édit. 5 fr.
— Lettres inédites à Aug. Comte et réponses d'Aug. Comte, 1899. 10 fr.
SULLY (James). Le Pessimisme. Trad. Bertrand. 2ᵉ édit. 7 fr. 50
— * Études sur l'Enfance. Trad. A. Monod, préface de G. Compayré. 1898. 10 fr.
— Essai sur le rire. Trad. Terrier. 1904. 7 fr. 50
SULLY PRUDHOMME, de l'Acad. franç. La vraie religion selon Pascal. 1905. 7 fr. 50
TARDE (G.), de l'Institut, prof. au Coll. de France. *La Logique sociale. 3ᵉ éd. 1898. 7 fr. 50
— *Les Lois de l'imitation. 3ᵉ édit. 1900. 7 fr. 50
— L'Opposition universelle. *Essai d'une théorie des contraires*. 1897. 7 fr. 50
— *L'Opinion et la Foule. 2ᵉ édit. 1904. 5 fr.
— *Psychologie économique. 1902. 2 vol. 15 fr.
TARDIEU (E.). L'Ennui. *Étude psychologique*. 1903. 5 fr.
THOMAS (P.-F.), docteur ès lettres. Pierre Leroux, sa philosophie. 1904. 5 fr.
— *L'Éducation des sentiments. (Couronné par l'Institut.) 3ᵉ édit. 1904. 5 fr.
THOUVEREZ (Émile), professeur à l'Université de Toulouse. Le Réalisme métaphysique 1894. (Couronné par l'Institut.) 5 fr.
VACHEROT (Et.), de l'Institut. * Essais de philosophie critique. 7 fr. 50
— La Religion. 7 fr. 50
WEBER (L.). *Vers le positivisme absolu par l'idéalisme. 1903. 7 fr. 50

COLLECTION HISTORIQUE DES GRANDS PHILOSOPHES

PHILOSOPHIE ANCIENNE

ARISTOTE (Œuvres d'), traduction de J. BARTHÉLEMY-SAINT-HILAIRE, de l'Institut.
— *Rhétorique. 2 vol. in-8. 16 fr.
— *Politique. 1 vol. in-8... 10 fr.
— Métaphysique. 3 vol. in-8. 30 fr.
— Traité du ciel. 1 vol. in-8. 10 fr.
— Table alphabétique des matières de la traduction générale d'Aristote, par M. BARTHÉLEMY-SAINT-HILAIRE, 2 forts vol. in-8. 1892 .... 30 fr.
— L'Esthétique d'Aristote, par M. BÉNARD. 1 vol. in-8. 1889. 5 fr.
— La Poétique d'Aristote, par HATZFELD (A.), prof. hon. au Lycée Louis-le-Grand et M. DUFOUR, prof. à l'Univ. de Lille. 1 vol. in-8 1900................... 6 fr.
SOCRATE. * Le Philosophie de Socrate, p. A. FOUILLÉE. 2 v. in-8 16 fr.
— Le Procès de Socrate, par G. SOREL. 1 vol. in-8....... 3 fr. 50
PLATON. La Théorie platonicienne des Sciences, par ÉLIE HALÉVY. In-8. 1895.............. 5 fr.
— Œuvres, traduction VICTOR COUSIN revue par J. BARTHÉLEMY-SAINT-HILAIRE : Socrate et Platon ou le Platonisme — Eutyphron — Apologie de Socrate — Criton — Phédon. 1 vol. in-8. 1896. 7 fr. 50
ÉPICURE. *La Morale d'Épicure et ses rapports avec les doctrines contemporaines, par M. GUYAU. 1 volume in-8. 5e édit...... 7 fr. 50
BÉNARD. La Philosophie ancienne, ses systèmes. La Philoso-

phie et la Sagesse orientales. — La Philosophie grecque avant Socrate. Socrate et les socratiques. — Les sophistes grecs. 1 v. in-8... 9 fr.
FAVRE (Mme Jules), née VELTEN. La Morale de Socrate. In-18. 3 50
— La Morale d'Aristote. In-18. 3 fr. 50
OUVRÉ (H.) Les formes littéraires de la pensée grecque. 1 vol. in-8. (Couronne par l'Acad. franç.) 10 fr.
GOMPERZ. Les penseurs de la Grèce.
I. La philosophie antésocratique. Préface de A. CROISET, de l'Institut. 1 vol. gr. in-8 .... 10 fr.
II. Athènes, Socrate et les Socratiques. 1 vol. gr. in-8 .... 12 fr.
III. (Sous presse).
RODIER (G.). *La Physique de Straton de Lampsaque. In-8. 3 fr.
TANNERY (Paul). Pour la science hellène. In-8........ 7 fr. 50
MILHAUD (G.).* Les philosophes géomètres de la Grèce. 1 vol. in-8. 1900. (Couronné par l'Institut.) .... 6 fr.
FABRE (Joseph). La Pensée antique De Moïse à Marc-Aurèle. 2e éd. In-8. 5 fr.
— La Pensée chrétienne. Des Evangiles à l'Imitation de J.-C. In-8. 9 fr.
— L'imitation de Jésus-Christ. Trad. nouv. avec préface. In-8. (Sous presse).
LAFONTAINE (A.). Le Plaisir, d'après Platon et Aristote. In-8. 6 fr.

PHILOSOPHIE MODERNE

* DESCARTES, par L. LIARD. 2e éd. 1 vol. in-8 .... 5 fr.
— Essai sur l'Esthétique de Descartes, par E. KRANTZ. 1 vol. in-8. 2e éd. 1897............ 6 fr.
— Descartes, directeur spirituel, par V. de SWARTE. Préface de E. BOUTROUX. 1 vol. in-16 avec pl. (Couronné par l'Institut). 4 fr. 50
LEIBNIZ. *Œuvres philosophiques, pub. p. P. JANET. 2e éd. 2 v. in-8. 20 f.
— *La logique de Leibniz, par L. COUTURAT. 1 vol. in-8.. 12 fr.
— Opuscules et fragments inédits de Leibniz, par L. COUTURAT.

1 vol. in-8............ 25 fr.
PICAVET. Histoire générale et comparée des philosophies médiévales. 1 v. in-8. 1904 7 fr. 50
WULF. (M. de) Histoire de la philosophie médiévale. 2e éd. 1 vol. in-8 .... 10 fr.
SPINOZA. Benedicti de Spinoza opera, quotquot reperta sunt, recognoverunt J. Van Vloten et J.-P.-N. Land. 2 forts vol. in-8 sur papier de Hollande............ 45 fr.
Le même en 3 volumes. 18 fr.
SPINOZA. Inventaire des livres

formant sa bibliothèque, publié d'après un document inédit avec des notes et une introduction par A.-J. SERVAAS VAN ROIJEN. 1 v. in-4 sur papier de Hollande.... 15 fr.

SPINOZA. La Doctrine de Spinoza, exposée à la lumière des faits scientifiques, par E. FERRIÈRE. In-16.... 3 fr. 50

FIGARD (L.), docteur ès lettres. Un Médecin philosophe au XVIe siècle. *La Psychologie de Jean Fernel.* 1 v. in-8. 1903. 7 fr. 50

GASSENDI. La Philosophie de Gassendi, par P.-F. THOMAS. In-8 1889.... 6 fr.

MALEBRANCHE. * La Philosophie de Malebranche, par OLLÉ-LAPRUNE, de l'Institut. 2 v. in-8. 16 fr.

PASCAL. Le scepticisme de Pascal, par DROZ. 1 vol. in-8.... 6 fr.

VOLTAIRE. Les Sciences au XVIIIe siècle. Voltaire physicien, par Em. SAIGEY. 1 vol. in-8. 5 fr.

DAMIRON. Mémoires pour servir à l'histoire de la philosophie au XVIIIe siècle. 3 vol. in-8. 15 fr.

J.-J. ROUSSEAU*Du Contrat social, édition comprenant avec le texte définitif les versions primitives de l'ouvrage d'après les manuscrits de Genève et de Neuchâtel, avec introduction par EDMOND DREYFUS-BRISAC. 1 fort volume grand in-8. 12 fr.

ERASME. Stultitiæ laus des. Erasmi Rot. declamatio. Publié et annoté par J.-B. KAN, avec les figures de HOLBEIN. 1 v. in-8. 6 fr. 75

PHILOSOPHIE ANGLAISE

DUGALD STEWART. *Éléments de la philosophie de l'esprit humain. 3 vol. in-16.... 9 fr.

BACON. Étude sur François Bacon, par J. BARTHÉLEMY-SAINT-HILAIRE. In-18.... 2 fr. 50

— * Philosophie de François Bacon, par CH. ADAM. (Couronné par l'Institut). In-8.... 7 fr. 50

BERKELEY. Œuvres choisies. *Essai d'une nouvelle théorie de la vision. Dialogues d'Hylas et de Philonoüs.* Trad. de l'angl. par MM. BEAULAVON (G.) et PARODI (D.). In-8, 1895. 5 fr.

PHILOSOPHIE ALLEMANDE

FEUERBACH. Sa philosophie, par A. LÉVY. 1 vol. in-8.... 10 fr.

KANT. Critique de la raison pratique, traduction nouvelle avec introduction et notes, par M. PICAVET. 2e édit. 1 vol. in-8.. 6 fr.

— Critique de la raison pure, traduction nouvelle par MM. PACAUD et TREMESAYGUES. Préface de M. HANNEQUIN. 1 vol. in-8.. 12 fr.

— Éclaircissements sur la Critique de la raison pure, trad. TISSOT. 1 vol. in-8.... 6 fr.

— Doctrine de la vertu, traduction BARNI. 1 vol. in-8.... 8 fr.

— *Mélanges de logique, traduction TISSOT. 1 v. in-8.... 6 fr.

— * Prolégomènes à toute métaphysique future qui se présentera comme science, traduction TISSOT. 1 vol. in-8.... 6 fr.

— * Anthropologie, suivie de divers fragments, traduction TISSOT. 1 vol. in-8.... 6 fr.

—*Essai critique sur l'Esthétique de Kant, par V. BASCH. 1 vol. in-8. 1896.... 10 fr.

— Sa morale, par CRESSON. 2e éd. 1 vol. in-12.... 2 fr. 50

— L'Idée ou critique du Kantisme, par C. PIAT, Dr ès lettres. 2e édit. 1 vol. in-8.... 6 fr.

KANT et FICHTE et le problème de l'éducation, par PAUL DUPROIX. 1 vol. in-8. 1897.... 5 fr.

SCHELLING. Bruno, ou du principe divin. 1 vol. in-8.... 3 fr. 50

HEGEL. *Logique. 2 vol. in-8. 14 fr.

— * Philosophie de la nature. 3 vol. in-8.... 25 fr.

— * Philosophie de l'esprit. 2 vol. in-8.... 18 fr.

— * Philosophie de la religion. 2 vol. in-8.... 20 fr.

— La Poétique, trad. par M. Ch. BÉNARD. Extraits de Schiller, Gœthe, Jean-Paul, etc., 2 v. in-8. 12 fr.

— Esthétique. 2 vol. in-8, trad. BÉNARD.... 16 fr.

— Antécédents de l'hégélianisme dans la philos. franç., par E. BEAUSSIRE. In-18. 2 fr. 50

— Introduction à la philosophie de Hegel, par VÉRA. In-8. 6 fr. 50

—* La logique de Hegel, par EUG. NOEL. In-8. 1897.... 3 fr.

HERBART. * **Principales œuvres pédagogiques**, trad. A. PINLOCHE. In-8. 1894.......... 7 fr. 50

La métaphysique de Herbart et la critique de Kant, par M. MAUXION. 1 vol. in-8... 7 fr. 50

MAUXION (M.). **L'éducation par l'instruction** et les théories pédagogiques de Herbart. In-12. 1901................. 2 fr. 50

SCHILLER. **Sa Poétique**, par V. BASCH. 1 vol. in-8. 1902... 4 fr.

Essai sur le mysticisme spéculatif en Allemagne au XIV' siècle, par DELACROIX (H.), maître de conf. à l'Univ. de Montpellier. 1 vol. in-8, 1900. 5 fr.

PHILOSOPHIE ANGLAISE CONTEMPORAINE

(Voir *Bibliothèque de philosophie contemporaine*, pages 2 à 10.)

ARNOLD (Matt.). — BAIN (Alex.). — CARRAU (Lud.). — CLAY (R.). — COLLINS (H.). — CARUS. — FERRI (L.). — FLINT. — GUYAU. — GURNEY, MYERS et PODMORE. — HALÉVY (E.). — HERBERT SPENCER. — HUXLEY. — JAMES (William). — LIARD. — LANG. — LUBBOCK (Sir John). — LYON (Georges). — MARION. — MAUDSLEY. — STUART MILL (John). — RIBOT. — ROMANES. — SULLY (James).

PHILOSOPHIE ALLEMANDE CONTEMPORAINE

(Voir *Bibliothèque de philosophie contemporaine*, pages 2 à 10.)

BOUGLÉ. — GROOS. — HARTMANN (E. de). — LÉON (Xavier). — LÉVY (A.). — LÉVY-BRUHL. — MAUXION. — NORDAU (Max). — NIETZSCHE. — OLDENBERG. — PIDERIT. — PREYER. — RIBOT. — SCHMIDT (O.). — SCHOPENHAUER. — SELDEN (C.). — WUNDT. — ZELLER. — ZIEGLER.

PHILOSOPHIE ITALIENNE CONTEMPORAINE

(Voir *Bibliothèque de philosophie contemporaine*, pages 2 à 10.)

BARZELOTTI. — ESPINAS. — FERRERO. — FERRI (Enrico). — FERRI (L.). — GAROFALO. — LOMBROSO. — LOMBROSO et FERRERO. — LOMBROSO et LASCHI. — MOSSO. — PILO (Mario). — SERGI. — SIGHELE.

LES GRANDS PHILOSOPHES

Publié sous la direction de M. C. PIAT

Agrégé de philosophie, docteur ès lettres, professeur à l'École des Carmes.

Chaque étude forme un volume in-8° carré de 300 pages environ, dont le prix varie de 5 francs à 7 fr. 50.

*Kant, par M. RUYSSEN, maître de conférences à la Faculté des lettres d'Aix. 2° édition. 1 vol. in-8. (*Couronné par l'Institut.*) 7 fr. 50

*Socrate, par l'abbé C. PIAT. 1 vol. in-8. 5 fr.

*Avicenne, par le baron CARRA DE VAUX. 1 vol. in-8. 5 fr.

*Saint Augustin, par l'abbé JULES MARTIN. 1 vol. in-8. 5 fr.

*Malebranche, par Henri JOLY. 1 vol. in-8. 5 fr.

*Pascal, par A. HATZFELD. 1 vol. in-8. 5 fr.

*Saint Anselme, par DOMET DE VORGES. 1 vol. in-8. 5 fr.

Spinoza, par P.-L. COUCHOUD, agrégé de l'Université. 1 vol. in-8. (*Couronné par l'Académie Française*). 5 fr.

Aristote, par l'abbé C. PIAT. 1 vol. in-8. 5 fr.

Gazali, par le baron CARRA DE VAUX. 1 vol. in-8. (*Couronné par l'Académie Française*). 5 fr.

MINISTRES ET HOMMES D'ÉTAT

HENRI WELSCHINGER. — *Bismarck. 1 vol. in-16. 1900...... 2 fr. 50

H. LÉONARDON. — *Prim. 1 vol. in-16. 1901.......... 2 fr. 50

M. COURCELLE. — *Disraëli. 1 vol. in-16. 1901.......... 2 fr. 50

M. COURANT. — Okoubo. 1 vol. in-16, avec un portrait. 1904.. 2 fr. 50

A. VIALLATE. — Chamberlain. Préface de E. BOUTMY. 1 vol. in-16. 2 fr. 50

BIBLIOTHÈQUE GÉNÉRALE
des
SCIENCES SOCIALES

SECRÉTAIRE DE LA RÉDACTION : DICK MAY, Secrétaire général de l'École des Hautes Études sociales.
Chaque volume in-8 de 300 pages environ, cartonné à l'anglaise, 6 fr.

1. **L'Individualisation de la peine**, par R. SALEILLES, professeur à la Faculté de droit de l'Université de Paris.
2. **L'Idéalisme social**, par Eugène FOURNIÈRE.
3. ***Ouvriers du temps passé (xv⁰ et xvi⁰ siècles)**, par H. HAUSER, professeur à l'Université de Dijon.
4. ***Les Transformations du pouvoir**, par G. TARDE, de l'Institut.
5. **Morale sociale.** Leçons professées au Collège libre des Sciences sociales, par MM. G. BELOT, MARCEL BERNÈS, BRUNSCHVICG, F. BUISSON, DARLU, DAURIAC, DELBET, CH. GIDE, M. KOVALEVSKY, MALAPERT, le R. P. MAUMUS, DE ROBERTY, G. SOREL, le PASTEUR WAGNER. Préface de M. EMILE BOUTROUX, de l'Institut.
6. **Les Enquêtes**, pratique et théorie, par P. DU MAROUSSEM. (*Ouvrage couronné par l'Institut.*)
7. ***Questions de Morale**, par MM. BELOT, BERNÈS, F. BUISSON, A. CROISET, DARLU, DELBOS, FOURNIÈRE, MALAPERT, MOCH, PARODI, G. SOREL (*Ecole de morale*).
8. **Le développement du Catholicisme social depuis l'encyclique** *Rerum novarum*, par Max TURMANN.
9. * **Le Socialisme sans doctrines.** *La Question ouvrière et la Question agraire en Australie et en Nouvelle-Zélande*, par Albert MÉTIN, agrégé de l'Université, professeur à l'École Coloniale.
10. * **Assistance sociale.** *Pauvres et mendiants*, par PAUL STRAUSS, sénateur.
11. ***L'Éducation morale dans l'Université.** (*Enseignement secondaire.*) Conférences et discussions, sous la présid. de M. A. CROISET, doyen de la Faculté des lettres de Paris, par MM. LÉVY-BRUHL, DARLU, M. BERNÈS, KORTZ, CLAIRIN, ROCAFORT, BIOCHE, Ph. GIDEL, MALAPERT, BELOT. (*Ecole des Hautes Etudes sociales, 1900-1901*).
12. * **La Méthode historique appliquée aux Sciences sociales**, par Charles SEIGNOBOS, maître de conf. à l'Université de Paris.
13. ***L'Hygiène sociale**, par E. DUCLAUX, de l'Institut, directeur de l'instit. Pasteur.
14. **Le Contrat de travail.** *Le rôle des syndicats professionnels*, par P. BUREAU, prof. à la Faculté libre de droit de Paris.
15. ***Essai d'une philosophie de la solidarité.** Conférences et discussions sous la présidence de MM. Léon BOURGEOIS et A. CROISET, par MM. DARLU, RAUH, F. BUISSON, GIDE, X. LÉON, LA FONTAINE, E. BOUTROUX (*Ecole des Hautes Etudes sociales*).
16. ***L'exode rural et le retour aux champs**, par E. VANDERVELDE, professeur à l'Université nouvelle de Bruxelles.
17. ***L'Education de la démocratie**, par MM. E. LAVISSE, A. CROISET, Ch. SEIGNOBOS, P. MALAPERT, G. LANSON, J. HADAMARD (*Ecole des Hautes Etudes soc.*).
18. ***La Lutte pour l'existence et l'évolution des sociétés**, par J.-L. DE LANNESSAN, député, prof. agr. à la Fac. de méd. de Paris.
19. **La Concurrence sociale et les devoirs sociaux**, par le MÊME.
20. **L'Individualisme anarchiste, Max Stirner**, par V. BASCH, professeur à l'Université de Rennes.
21. ***La démocratie devant la science**, par C. BOUGLÉ, prof. de philosophie sociale à l'Université de Toulouse. (*Récompensé par l'Institut.*)
22. ***Les Applications sociales de la solidarité**, par MM. P. BUDIN, Ch. GIDE, H. MONOD, PAULET, ROBIN, SIEGFRIED, BROUARDEL. Préface de M. Léon BOURGEOIS (*Ecole des Hautes Etudes soc., 1902-1903*).
23. **La Paix et l'enseignement pacifiste**, par MM. Fr. PASSY, Ch. RICHET, d'ESTOURNELLES DE CONSTANT, E. BOURGEOIS, A. WEISS, H. LA FONTAINE, G. LYON (*Ecole des Hautes Etudes soc., 1902-1903*).
24. ***Etudes sur la philosophie morale au XIX⁰ siècle**, par MM. BELOT, A. DARLU, M. BERNÈS, A. LANDRY, Ch. GIDE, E. ROBERTY, R. ALLIER, H. LICHTENBERGER, L. BRUNSCHVICG (*Ecole des Hautes Etudes soc., 1902-1903*).
25. **Enseignement et démocratie**, par MM. APPELL, J. BOITEL, A. CROISET, A. DEVINAT, Ch.-V. LANGLOIS, G. LANSON, A. MILLERAND, Ch. SEIGNOBOS (*Ecole des Hautes Etudes soc., 1903-1904*).
26. **Religions et Sociétés**, par MM. TH. REINACH, A. PUECH, R. ALLIER, A. LEROY-BEAULIEU, le baron CARRA DE VAUX, H. DREYFUS (*Ecole des Hautes Etudes soc., 1903-1904*).

BIBLIOTHÈQUE
D'HISTOIRE CONTEMPORAINE

Volumes in-12 brochés à 3 fr. 50. — Volumes in-8 brochés de divers prix

EUROPE

DEBIDOUR, inspecteur général de l'Instruction publique. * **Histoire diplomatique de l'Europe, de 1815 à 1878. 2 vol. in-8.** (*Ouvrage couronné par l'Institut*). 18 fr.

DOELLINGER (I. de). La papauté, ses origines au moyen âge, son influence jusqu'en 1870. Traduit par A. GIRAUD-TEULON, 1904. 1 vol. in-8. 7 fr.

SYBEL (H. de). * **Histoire de l'Europe pendant la Révolution française,** traduit de l'allemand par Mlle DOSQUET. Ouvrage complet en 6 vol. in-8. 42 fr.

FRANCE

AULARD, professeur à la Sorbonne. * **Le Culte de la Raison et le Culte de l'Être suprême,** étude historique (1793-1794). 2ᵉ édit. 1 vol. in-12. 3 fr. 50
— * **Études et leçons sur la Révolution française.** 4 vol. in-12. Chacun. 3 fr. 50

CAHEN (L.), agrégé d'histoire, docteur ès lettres. * **Condorcet et la Révolution française.** 1 vol. in-8. (*Récompensé par l'Institut.*) 10 fr.

DESPOIS (Eug.). * **Le Vandalisme revolutionnaire.** Fondations littéraires, scientifiques et artistiques de la Convention. 4ᵉ édit. 1 vol. in-12. 3 fr. 50

DEBIDOUR, inspecteur général de l'instruction publique. * **Histoire des rapports de l'Église et de l'État en France (1789-1870).** 1 fort vol. in-8. 1898. (*Couronné par l'Institut.*) 12 fr.

MATHIEZ (A.), agrégé d'histoire, docteur ès lettres. La théophilanthropie et le culte décadaire, 1796-1801. 1 vol. in-8. 12 fr.

ISAMBERT (G.). * **La vie à Paris pendant une année de la Révolution (1791-1792).** In-16. 1896. 3 fr. 50

MARCELLIN PELLET, ancien député. Variétés révolutionnaires. 3 vol. in-12, précédés d'une préface de A. RANC. Chaque vol. séparém. 3 fr. 50

DRIAULT (E.), professeur au lycée de Versailles. La politique orientale de Napoléon. Sébastiani et Gardane (1806-1808). 1 vol. in-8 (*Récompensé par l'Institut.*) 7 fr.

SILVESTRE, professeur à l'Ecole des sciences politiques. De Waterloo à Sainte-Hélène (20 Juin-16 Octobre 1815). 1 vol. in-16. 3 fr. 50

BONDOIS (P.), agrégé de l'Université. * **Napoléon et la société de son temps (1793-1821).** 1 vol. in-8. 7 fr.

CARNOT (H.), sénateur. * **La Révolution française, résumé historique.** In-16. Nouvelle édit. 3 fr. 50

ROCHAU (M. de). Histoire de la Restauration, In-16. 3 fr. 50

WEILL (G.), docteur ès lettres, agrégé de l'Université. Histoire du parti républicain en France, de 1814 à 1870. 1 vol. in-8. 1900. (*Récompensé par l'Institut.*) 10 fr.
— * **Histoire du mouvement social en France (1852-1902).** 1 v. in-8. 1905. 7 fr.

BLANC (Louis). * **Histoire de Dix ans (1830-1840).** 5 vol. in-8. 25 fr.

GAFFAREL (P.), professeur à l'Université d'Aix. * **Les Colonies françaises.** 1 vol. in-8. 6ᵉ édition revue et augmentée. 5 fr.

LAUGEL (A.). * **La France politique et sociale.** 1 vol. in-8. 5 fr.

SPULLER (E.), ancien ministre de l'Instruction publique. * **Figures disparues,** portraits contemp., littér. et politiq. 3 vol. in-16. Chacun. 3 fr. 50
— Hommes et choses de la Révolution. In-16. 1896. 3 fr. 50

TAXILE DELORD. * **Histoire du second Empire (1848-1870).** 6 v. in-8. 42 fr.

TCHERNOFF (J.) Associations et Sociétés secrètes sous la deuxième République (1848-1851). 1 vol. in-8. 1905. 7 fr.

VALLAUX (C.). * **Les campagnes des armées françaises (1792-1815).** In-16, avec 17 cartes dans le texte. 3 fr. 50

ZEVORT (E.), recteur de l'Académie de Caen. Histoire de la troisième République:
    Tome I. * **La présidence de M. Thiers.** 1 vol. in-8. 2ᵉ édit. 7 fr.
    Tome II. * **La présidence du Maréchal.** 1 vol. in-8. 2ᵉ édit. 7 fr.
    Tome III. La présidence de Jules Grévy. 1 vol. in-8. 2ᵉ édit. 7 fr.
    Tome IV. La présidence de Sadi Carnot. 1 vol. in-8. 7 fr.

WAHL, inspect. général, A. BERNARD, professeur à la Sorbonne. * **L'Algérie.** 1 vol. in-8. 4ᵉ édit., 1903. (*Ouvrage couronné par l'Institut.*) 5 fr.

LANESSAN (J.-L. de). *L'Indo-Chine française. Étude économique, politique et administrative. 1 vol. in-8, avec 5 cartes en couleurs hors texte. 15 fr.

PIOLET (J.-B.). La France hors de France, notre émigration, sa nécessité, ses conditions. 1 vol. in-8. 1900. (Couronné par l'Institut.) 10 fr.

LAPIE (P.), chargé de cours à l'Université de Bordeaux. * Les Civilisations tunisiennes (Musulmans, Israélites, Européens). In-16. 1898. (Couronné par l'Académie française.) 3 fr. 50

WEILL (Georges), professeur au lycée Louis-le-Grand. L'Ecole saint-simonienne, son histoire, son influence jusqu'à nos jours. In-16. 1896. 3 fr. 50

LEBLOND (Marius-Ary). La société française sous la troisième République. 1905. 1 vol. 5 fr.

ANGLETERRE

REYNALD (H.), doyen de la Faculté des lettres d'Aix. * Histoire de l'Angleterre, depuis la reine Anne jusqu'à nos jours. In-16. 2e éd. 3 fr. 50

MÉTIN (Albert), Prof. à l'Ecole Coloniale. * Le Socialisme en Angleterre. In-16. 3 fr. 50

ALLEMAGNE

SCHMIDT (Ch.), docteur ès lettres. Le grand duché de Berg (1806-1813) 1905. 1 vol. in-8. 10 fr.

VÉRON (Eug.). * Histoire de la Prusse, depuis la mort de Frédéric II. In-16. 6e édit. 3 fr. 50

— * Histoire de l'Allemagne, depuis la bataille de Sadowa jusqu'à nos jours. In-16. 3e éd., mise au courant des événements par P. BONDOIS. 3 fr. 50

ANDLER (Ch.), prof. à la Sorbonne. *Les origines du socialisme d'État en Allemagne. 1 vol. in-8. 1897. 7 fr.

GUILLAND (A.), professeur d'histoire à l'Ecole polytechnique suisse. * L'Allemagne nouvelle et ses historiens. (NIEBUHR, RANKE, MOMMSEN, SYBEL, TREITSCHKE.) 1 vol. in-8. 1899. 5 fr.

MILHAUD (G.), professeur à l'Université de Genève. *La Démocratie socialiste allemande. 1 vol. in-8. 1903. 10 fr.

MATTER (P.), doct. en droit, substitut au tribunal de la Seine. *La Prusse et la révolution de 1848. In-16. 1903. 3 fr. 50

— Bismarck et son temps. I. La préparation (1815-1863). 1 vol. in-8. 10 fr. II. L'action (1863-1870). 1 vol. in-8. 10 fr.

AUTRICHE-HONGRIE

BOURLIER (J.). * Les Tchèques et la Bohême contemporaine. In-16. 1897. 3 fr. 50

AUERBACH, professeur à l'Université de Nancy. *Les races et les nationalités en Autriche-Hongrie. In-8. 1898. 5 fr.

SAYOUS (Ed.), professeur à la Faculté des lettres de Besançon. Histoire des Hongrois et de leur littérature politique, de 1790 à 1815. In-16. 3 fr. 50

*RECOULY (R.), agrégé de l'Univ. Le pays magyar. 1903. In-16. 3 fr. 50

ITALIE

SORIN (Élie). *Histoire de l'Italie, depuis 1815 jusqu'à la mort de Victor-Emmanuel. In-16. 1888. 3 fr. 50

GAFFAREL (P.), professeur à l'Université d'Aix. *Bonaparte et les Républiques italiennes (1796-1799). 1895. 1 vol. in-8. 5 fr.

BOLTON KING (M. A.). *Histoire de l'unité italienne. Histoire politique de l'Italie, de 1814 à 1871, traduit de l'anglais par M. MACQUART; introduction de M. Yves GUYOT. 1900. 2 vol. in-8. 15 fr.

ESPAGNE

REYNALD (H.). * Histoire de l'Espagne, depuis la mort de Charles III In-16. 3 fr. 50

ROUMANIE

DAMÉ (Fr.). * Histoire de la Roumanie contemporaine, depuis l'avènement des princes indigènes jusqu'à nos jours. 1 vol. in-8. 1900. 7 fr.

SUISSE

DAENDLIKER. *Histoire du peuple suisse. Trad. de l'allem. par Mme Jules FAVRE et précédé d'une Introduction de Jules FAVRE. 1 vol. in-8. 5 fr.

SUÈDE

SCHEFER (C.). * Bernadotte roi (1810-1818-1844). 1 vol. in-8. 1899. 5 fr.

GRÈCE, TURQUIE, ÉGYPTE

BÉRARD (V.), docteur ès lettres. * La Turquie et l'Hellénisme contemporain. (Ouvrage cour. par l'Acad. française). In-16. 5e éd. 3 fr. 50

RODOCANACHI (E.). *Bonaparte et les îles Ioniennes, (1797-1816). 1 volume in-8. 1899. 5 fr.

MÉTIN (Albert), professeur à l'École coloniale. *La Transformation de l'Egypte. In-16. 1903. (Cour. par la Soc. de géogr. comm.) 3 fr. 50

INDE

PIRIOU (E.), agrégé de l'Université. L'Inde contemporaine et le mouvement national. 1905. 1 vol. in-16. 3 fr. 50

CHINE

CORDIER (H.), professeur à l'Ecole des langues orientales. *Histoire des relations de la Chine avec les puissances occidentales (1860-1902), avec cartes. 3 vol. in-8, chacun séparément. 10 fr.

— L'Expédition de Chine de 1857-58. Histoire diplomatique, notes et documents. 1905. 1 vol. in-8. 7 fr.

— L'Expédition de Chine de 1860. Histoire diplomatique, notes et documents. 1906. 1 vol. in-8. 7 fr.

COURANT (M.), maître de conférences à l'Université de Lyon. En Chine. *Mœurs et institutions. Hommes et faits.* 1 vol. in-16. 3 fr. 50

AMÉRIQUE

DEBERLE (Alf.). * Histoire de l'Amérique du Sud, in-16. 3ᵉ éd. 3 fr. 50

BARNI (Jules). * Histoire des idées morales et politiques en France au XVIIIᵉ siècle. 2 vol. in-16. Chaque volume. 3 fr. 50
— * Les Moralistes français au XVIIIᵉ siècle. In-16. 3 fr. 50
BEAUSSIRE (Émile), de l'Institut. La Guerre étrangère et la Guerre civile. In-16. 3 fr. 50
LOUIS BLANC. Discours politiques (1848-1881). 1 vol. in-8. 7 fr. 50
BONET-MAURY. * Histoire de la liberté de conscience (1598-1870). In-8. 1900. 5 fr.
BOURDEAU (J.). * Le Socialisme allemand et le Nihilisme russe. In-16. 2ᵉ édit. 1894. 3 fr. 50
— * L'évolution du Socialisme. 1901. 1 vol. in-16. 3 fr. 50
D'EICHTHAL (Eug.). Souveraineté du peuple et gouvernement. In-16. 1895. 3 fr. 50
DESCHANEL (E.), sénateur, professeur au Collège de France. *Le Peuple et la Bourgeoisie. 1 vol. in-8. 2ᵉ édit. 5 fr.
DEPASSE (Hector). Transformations sociales. 1894. In-16. 3 fr. 50
— Du Travail et de ses conditions (Chambres et Conseils du travail). In-16. 1895. 3 fr. 50
DRIAULT (E.), prof. agr. au lycée de Versailles. * Les problèmes politiques et sociaux à la fin du XIXᵉ siècle. In-8. 1900. 7 fr.
— *La question d'Orient, préface de G. MONOD, de l'Institut. 1 vol. in-8. 3ᵉ édit. 1905. (*Ouvrage couronné par l'Institut*). 7 fr.
GUÉROULT (G.). * Le Centenaire de 1789. In-16. 1889. 3 fr. 50
LAVELEYE (E. de), correspondant de l'Institut. Le Socialisme contemporain. In-16. 11ᵉ édit. augmentée. 3 fr. 50
LICHTENBERGER (A.). * Le Socialisme utopique, *étude sur quelques précurseurs du Socialisme.* In-16. 1898. 3 fr. 50
— * Le Socialisme et la Révolution française. 1 vol. in-8. 5 fr.
MATTER (P.). La dissolution des assemblées parlementaires, étude de droit public et d'histoire. 1 vol. in-8. 1898. 5 fr.
NOVICOW. La Politique internationale. 1 vol. in-8. 7 fr.
PAUL LOUIS. L'ouvrier devant l'Etat. Etude de la législation ouvrière dans les deux mondes. 1904. 1 vol. in-8. 7 fr.
REINACH (Joseph). Pages républicaines. In-16. 3 fr. 50
— *La France et l'Italie devant l'histoire. 1 vol. in-8. 5 fr.
SPULLER (E.).* Éducation de la démocratie. In-16. 1892. 3 fr. 50
— L'Évolution politique et sociale de l'Église. 1 vol. in-12. 1893. 3 fr. 50
TARDIEU (A.). Questions diplomatiques de l'année 1904. 1 volume in-12 3 fr. 50

PUBLICATIONS HISTORIQUES ILLUSTRÉES

*DE SAINT-LOUIS A TRIPOLI PAR LE LAC TCHAD, par le lieutenant-colonel MONTEIL. 1 beau vol. in-8 colombier, précédé d'une préface de M. DE VOGÜÉ, de l'Académie française, illustrations de RIOU. 1895. *Ouvrage couronné par l'Académie française (Prix Montyon),* broché 20 fr., relié amat., 28 fr.

*HISTOIRE ILLUSTRÉE DU SECOND EMPIRE, par Taxile DELORD. 6 vol. in-8, avec 500 gravures. Chaque vol. broché, 8 fr.

BIBLIOTHEQUE DE LA FACULTÉ DES LETTRES DE L'UNIVERSITÉ DE PARIS

HISTOIRE et LITTÉRATURE ANCIENNES

*De l'authenticité des épigrammes de Simonide, par H. Hauvette, maître de conférences à la Sorbonne. 1 vol. in-8. 5 fr.

*Les Satires d'Horace, par M. le Prof. A. Cartault. 1 vol. in-8. 11 fr.

*De la flexion dans Lucrèce, par M. le Prof. A. Cartault, 1 v. in-8. 4 fr.

*La main-d'œuvre industrielle dans l'ancienne Grèce, par M. le Prof. Guiraud. 1 vol. in-8. 7 fr.

*Recherches sur le Discours aux Grecs de Tatien, suivies d'une *traduction française du discours*, avec notes, par A. Puech, maître de conférences à la Sorbonne. 1 vol. in-8. 1903. 6 fr.

*Les « Métamorphoses » d'Ovide et leurs modèles grecs, par A. Lafaye, maître de conférences à la Sorbonne. 1 vol. in-8. 1904. 8 fr. 50

MOYEN AGE

*Premiers mélanges d'histoire du Moyen Âge, par MM. le Prof. A. Luchaire, Dupont-Ferrier et Poupardin. 1 vol. in-8. 3 fr. 50

Deuxièmes mélanges d'histoire du Moyen Âge, publiés sous la direct. de M. le Prof. A. Luchaire, par MM. Luchaire, Halphen et Huckel, 1 vol. in-8. 6 fr.

Troisièmes mélanges d'histoire du Moyen Âge, par MM. Luchaire, Beyssier, Halphen et Cordey. 1 vol. in-8. 8 fr. 50

Quatrièmes mélanges d'histoire du Moyen âge, par MM. Jacquemin, Faral, Beyssier. 1 vol. in-8. 7 fr. 50

*Essai de restitution des plus anciens Mémoriaux de la Chambre des Comptes de Paris, par MM. J. Petit, Gavrilovitch, Maury et Téodoru, préface de M. Ch.-V. Langlois, prof. adjoint. 1 vol. in-8. 9 fr.

Constantin V, empereur des Romains (740-775). *Étude d'histoire byzantine*, par A. Lombard, licencié ès lettres. Préface de M. Ch. Diehl, maître de conférences. 1 vol. in-8. 6 fr.

Étude sur quelques manuscrits de Rome et de Paris, par M. le Prof. A. Luchaire, membre de l'Institut. 1 vol. in-8. 6 fr.

PHILOLOGIE et LINGUISTIQUE

*Le dialecte alaman de Colmar (Haute-Alsace) en 1870, grammaire et lexique, par M. le Prof. Victor Henry. 1 vol. in-8. 8 fr.

*Études linguistiques sur la Basse-Auvergne, phonétique historique du patois de Vinzelles (Puy-de-Dôme), par Albert Dauzat, préface de M. le Prof. Ant. Thomas. 1 vol. in-8. 6 fr.

*Antinomies linguistiques, par M. le Prof. Victor Henry, 1 v. in-8. 2 fr.

Mélanges d'étymologie française, par M. le Prof. A. Thomas. In-8. 7 fr.

PHILOSOPHIE

L'imagination et les mathématiques selon Descartes, par P. Boutroux, licencié ès lettres. 1 vol. in-8. 2 fr.

GÉOGRAPHIE

La rivière Vincent-Pinzon. *Étude sur la cartographie de la Guyane*, par M. le Prof. Vidal de la Blache. In-8, avec grav. et planches hors texte. 6 fr.

HISTOIRE CONTEMPORAINE

*Le treize vendémiaire an IV, par Henry Zivy. 1 vol. in-8. 4 fr.

TRAVAUX DE L'UNIVERSITÉ DE LILLE

PAUL FABRE. La polyptyque du chanoine Benoît, in-8. 3 fr. 50

MÉDÉRIC DUFOUR. Sur la constitution rythmique et métrique du drame grec. 1re série, 4 fr.; 2e série, 2 fr. 50; 3e série, 2 fr. 50.

A. PINLOCHE. * Principales œuvres de Herbart. 7 fr. 50

A. PENJON. Pensée et réalité, de A. Spir, trad. de l'allem. in-8. 10 fr.

G. LEFÈVRE. Les variations de Guillaume de Champeaux et la question des Universaux. Étude suivie de documents originaux. 1898. 3 fr.

A. PENJON. L'énigme sociale. 1902. 1 vol. in-8. 2 fr. 50

ANNALES DE L'UNIVERSITÉ DE LYON

Lettres intimes de J.-M. Alberoni adressées au comte J. Rocca, par Emile BOURGEOIS, 1 vol. in-8.			10 fr.

La républ. des Provinces-Unies, France et Pays-Bas espagnols, de 1630 à 1650, par A. WADDINGTON. 2 vol. in-8.			12 fr.

Le Vivarais, essai de géographie régionale, par BURDIN. 1 vol. in-8.			6 fr.

*RECUEIL DES INSTRUCTIONS

DONNÉES AUX AMBASSADEURS ET MINISTRES DE FRANCE

DEPUIS LES TRAITÉS DE WESTPHALIE JUSQU'A LA RÉVOLUTION FRANÇAISE

Publié sous les auspices de la Commission des archives diplomatiques
au Ministère des Affaires étrangères.

Beaux vol. in-8 rais., imprimés sur pap. de Hollande, avec Introduction et notes.

I. — AUTRICHE, par M. Albert SOREL, de l'Académie française. *Épuisé.*

II. — SUÈDE, par M. A. GEFFROY, de l'Institut.................... 20 fr.

III. — PORTUGAL, par le vicomte DE CAIX DE SAINT-AYMOUR..... 20 fr.

IV et V. — POLOGNE, par M. Louis FARGES. 2 vol............... 30 fr.

VI. — ROME, par M. G. HANOTAUX, de l'Académie française..... 20 fr.

VII. — BAVIÈRE, PALATINAT ET DEUX-PONTS, par M. André LEBON. 25 fr.

VIII et IX. — RUSSIE, par M. Alfred RAMBAUD, de l'Institut. 2 vol.
Le 1er vol. 20 fr. Le second vol.................... 25 fr.

X. — NAPLES ET PARME, par M. Joseph REINACH............. 20 fr.

XI. — ESPAGNE (1649-1750), par MM. MOREL-FATIO et LÉONARDON (t. I). 20 fr.

XII et XII *bis*. — ESPAGNE (1750-1789) (t. II et III), par les mêmes.... 40 fr.

XIII. — DANEMARK, par M. A. GEFFROY, de l'Institut............ 14 fr.

XIV et XV. — SAVOIE-MANTOUE, par M. HORRIC de BEAUCAIRE. 2 vol. 40 fr.

XVI. — PRUSSE, par M. A. WADDINGTON. 1 vol. (Couronné par l'Institut.) 28 fr.

*INVENTAIRE ANALYTIQUE

DES ARCHIVES DU MINISTÈRE DES AFFAIRES ÉTRANGÈRES

Publié sous les auspices de la Commission des archives diplomatiques

Correspondance politique de MM. de CASTILLON et de MARILLAC, ambassadeurs de France en Angleterre (1537-1542), par M. JEAN KAULEK, avec la collaboration de MM. Louis Farges et Germain Lefèvre-Pontalis. 1 vol. in-8 raisin............... 15 fr.

Papiers de BARTHÉLEMY, ambassadeur de France en Suisse, de 1792 à 1797 par M. Jean KAULEK. 4 vol. in-8 raisin. I. Année 1792, 15 fr. — II. Janvier-août 1793, 15 fr. — III. Septembre 1793 à mars 1794, 18 fr. — IV. Avril 1794 à février 1795.			20 fr.

Correspondance politique de ODET DE SELVE, ambassadeur de France en Angleterre (1546-1549), par M. G. LEFÈVRE-PONTALIS. 1 vol. in-8 raisin..................... 15 fr.

Correspondance politique de GUILLAUME PELLICIER, ambassadeur de France à Venise (1540-1542), par M. Alexandre TAUSSERAT-RADEL. 1 fort vol. in-8 raisin.................. 40 fr.

Correspondance des Deys d'Alger avec la Cour de France (1579-1833), recueillie par Eug. PLANTET, attaché au Ministère des Affaires étrangères. 2 vol. in-8 raisin avec 2 planches en taille-douce hors texte. 30 fr.

Correspondance des Beys de Tunis et des Consuls de France avec la Cour (1577-1830), recueillie par Eug. PLANTET, publiée sous les auspices du Ministère des Affaires étrangères. 3 vol. in-8 raisin. TOME I (1577-1700). *Épuisé.* — TOME II (1700-1770). 20 fr. — TOME III (1770-1830). 20 fr.

Les Introducteurs des Ambassadeurs (1589-1900). 1 vol. in-4, avec figures dans le texte et planches hors texte.			20 fr.

BIBLIOTHÈQUE SCIENTIFIQUE
INTERNATIONALE

Publiée sous la direction de M. Émile ALGLAVE

Les titres marqués d'un astérisque * sont adoptés par le *Ministère de l'Instruction publique de France* pour les bibliothèques des lycées et des collèges.

LISTE DES OUVRAGES

105 VOLUMES IN-8, CARTONNÉS A L'ANGLAISE, OUVRAGES A 6, 9 ET 12 FR.

1. TYNDALL (J.). * **Les Glaciers et les Transformations de l'eau**, avec figures. 1 vol. in-8. 7ᵉ édition. 6 fr.
2. BAGEHOT. * **Lois scientifiques du développement des nations** dans leurs rapports avec les principes de la sélection naturelle et de l'hérédité. 1 vol. in-8. 6ᵉ édition. 6 fr.
3. MAREY. * **La Machine animale**, locomotion terrestre et aérienne, avec de nombreuses fig. 1 vol. in-8. 6ᵉ édit. augmentée. 6 fr.
4. BAIN. * **L'Esprit et le Corps.** 1 vol. in-8. 6ᵉ édition. 6 fr.
5. PETTIGREW. * **La Locomotion chez les animaux**, marche, natation et vol. 1 vol. in-8, avec figures. 2ᵉ édit. 6 fr.
6. HERBERT SPENCER. * **La Science sociale.** 1 v. in-8. 13ᵉ édit. 6 fr.
7. SCHMIDT (O.). * **La Descendance de l'homme et le Darwinisme.** 1 vol. in-8, avec fig. 6ᵉ édition. 6 fr.
8. MAUDSLEY. * **Le Crime et la Folie.** 1 vol. in-8. 7ᵉ édit. 6 fr.
9. VAN BENEDEN. * **Les Commensaux et les Parasites dans le règne animal.** 1 vol. in-8, avec figures. 4ᵉ édit. 6 fr.
10. BALFOUR STEWART. * **La Conservation de l'énergie**, suivi d'une *Etude sur la nature de la force*, par M. P. de SAINT-ROBERT, avec figures. 1 vol. in-8. 6ᵉ édition. 6 fr.
11. DRAPER. **Les Conflits de la science et de la religion.** 1 vol. in-8. 10ᵉ édition. 6 fr.
12. L. DUMONT. * **Théorie scientifique de la sensibilité. Le plaisir et la douleur.** 1 vol. in-8. 4ᵉ édition. 6 fr.
13. SCHUTZENBERGER. * **Les Fermentations.** 1 vol. in-8, avec fig. 6ᵉ édit. 6 fr.
14. WHITNEY. * **La Vie du langage.** 1 vol. in-8. 4ᵉ édit. 6 fr.
15. COOKE et BERKELEY. * **Les Champignons.** 1 vol. in-8, avec figures. 4ᵉ édition. 6 fr.
16. BERNSTEIN. * **Les Sens.** 1 vol. in-8, avec 91 fig. 5ᵉ édit. 6 fr.
17. BERTHELOT. * **La Synthèse chimique.** 1 vol. in-8. 8ᵉ édit. 6 fr.
18. NIEWENGLOWSKI (H.). * **La photographie et la photochimie.** 1 vol. in-8, avec gravures et une planche hors texte. 6 fr.
19. LUYS. * **Le Cerveau et ses fonctions.** *Épuisé.*
20. STANLEY JEVONS. * **La Monnaie et le Mécanisme de l'échange.** 1 vol. in-8. 5ᵉ édition. 6 fr.
21. FUCHS. * **Les Volcans et les Tremblements de terre.** 1 vol. in-8, avec figures et une carte en couleurs. 5ᵉ édition. 6 fr.
22. GÉNÉRAL BRIALMONT. * **Les Camps retranchés et leur rôle dans la défense des États.** *Épuisé.*
23. DE QUATREFAGES. * **L'Espèce humaine.** 1 v. in-8. 13ᵉ édit. 6 fr.

24. BLASERNA et HELMHOLTZ. * Le Son et la Musique. 1 vol. in-8, avec figures. 5ᵉ édition. 6 fr.
25. ROSENTHAL.* Les Nerfs et les Muscles. *Épuisé.*
26. BRUCKE et HELMHOLTZ. * Principes scientifiques des beaux-arts. 1 vol. in-8, avec 39 figures. 4ᵉ édition. 6 fr.
27. WURTZ. * La Théorie atomique. 1 vol. in-8, 8ᵉ édition. 6 fr.
28-29. SECCHI (le père). * Les Étoiles. 2 vol. in-8, avec 63 figures dans le texte et 17 pl. en noir et en couleurs hors texte. 3ᵉ édit. 12 fr.
30. JOLY.* L'Homme avant les métaux. 1 v. in-8, avec fig. 4ᵉ éd. *Épuisé.*
31. A. BAIN. * La Science de l'éducation. 1 vol. in-8. 9ᵉ édit. 6 fr.
32-33. THURSTON (R.).* Histoire de la machine à vapeur, précédée d'une Introduction par M. HIRSCH. 2 vol. in-8, avec 140 figures dans le texte et 16 planches hors texte. 3ᵉ édition. 12 fr.
34. HARTMANN (R.). * Les Peuples de l'Afrique. *Épuisé.*
35. HERBERT SPENCER. * Les Bases de la morale évolutionniste. 1 vol. in-8. 6ᵉ édition. 6 fr.
36. HUXLEY. * L'Écrevisse, Introduction à l'étude de la zoologie. 1 vol. in-8, avec figures. 2ᵉ édition. 6 fr.
37. DE ROBERTY. * La Sociologie. 1 vol. in-8. 3ᵉ édition. 6 fr.
38. ROOD. * Théorie scientifique des couleurs. 1 vol. in-8, avec figures et une planche en couleurs hors texte. 2ᵉ édition. 6 fr.
39. DE SAPORTA et MARION. * L'Évolution du règne végétal (les Cryptogames). *Épuisé.*
40-41. CHARLTON BASTIAN. * Le Cerveau, organe de la pensée chez l'homme et chez les animaux. 2 vol. in-8, avec figures. 2ᵉ éd. 12 fr.
42. JAMES SULLY. * Les Illusions des sens et de l'esprit. 1 vol. in-8, avec figures. 3ᵉ édit. 6 fr.
43. YOUNG. * Le Soleil. 1 vol. in-8, avec figures. *Épuisé.*
44. DE CANDOLLE. * L'Origine des plantes cultivées. 4ᵉ éd. 1 v. in-8. 6 fr.
45-46. SIR JOHN LUBBOCK. * Fourmis, abeilles et guêpes. 2 vol. *Épuisé.*
47. PERRIER (Edm.). La Philosophie zoologique avant Darwin. 1 vol. in-8. 3ᵉ édition. 6 fr.
48. STALLO. * La Matière et la Physique moderne. 1 vol. in-8. 3ᵉ éd., précédé d'une Introduction par CH. FRIEDEL. 6 fr.
49. MANTEGAZZA. La Physionomie et l'Expression des sentiments. 1 vol. in-8. 3ᵉ édit., avec huit planches hors texte. 6 fr.
50. DE MEYER. * Les Organes de la parole et leur emploi pour la formation des sons du langage. 1 vol. in-8, avec 51 figures, précédé d'une Introd. par M. O. CLAVEAU. 6 fr.
51. DE LANESSAN.* Introduction à l'Étude de la botanique (le Sapin). 1 vol. in-8. 2ᵉ édit., avec 143 figures. 16 fr.
52-53. DE SAPORTA et MARION. * L'Évolution du règne végétal (les Phanérogames). 2 vol. in-8, avec 136 figures. *Épuisé.*
54. TROUESSART. * Les Microbes, les Ferments et les Moisissures. 1 vol. in-8. 2ᵉ édit., avec 107 figures. 6 fr.
55. HARTMANN (R.).* Les Singes anthropoïdes. *Épuisé.*
56. SCHMIDT (O.).* Les Mammifères dans leurs rapports avec leurs ancêtres géologiques. 1 vol. in-8, avec 51 figures. 6 fr.
57. BINET et FÉRÉ. Le Magnétisme animal. 1 vol. in-8. 4ᵉ édit. 6 fr.
58-59. ROMANES.* L'Intelligence des animaux. 2 v. in-8, 3ᵉ édit. 12 fr.
60. LAGRANGE (F.). Physiol. des exerc. du corps. 1 v. in-8. 7ᵉ éd. 6 fr.
61. DREYFUS.* Évol. des mondes et des sociétés. 1 v. in-8. 3ᵉ édit. 6 fr.
62. DAUBRÉE. * Les Régions invisibles du globe et des espaces célestes. 1 vol. in-8, avec 85 fig. dans le texte. 2ᵉ édit. 6 fr.
63-64. SIR JOHN LUBBOCK. * L'Homme préhistorique. 2 vol. in-8, avec 228 figures dans le texte. 4ᵉ édit. 12 fr.
65. RICHET (CH.). La Chaleur animale. 1 vol. in-8, avec figures. 6 fr.
66. FALSAN (A.).* La Période glaciaire. *Épuisé.*

67. BEAUNIS (H.), **Les Sensations internes.** 1 vol. in-8. 6 fr.
68. CARTAILHAC (E.), **La France préhistorique,** d'après les sépultures et les monuments. 1 vol. in-8, avec 162 figures. 2ᵉ édit. 6 fr.
69. BERTHELOT. *La Révol. chimique, Lavoisier. 1 vol. in-8. 2ᵉ éd. 6 fr.
70. SIR JOHN LUBBOCK. * **Les Sens et l'instinct chez les animaux,** principalement chez les insectes. 1 vol. in-8, avec 150 figures. 6 fr.
71. STARCKE. *La Famille primitive. 1 vol. in-8. 6 fr.
72. ARLOING. * **Les Virus.** 1 vol. in-8, avec figures. 6 fr.
73. TOPINARD. * **L'Homme dans la Nature.** 1 vol. in-8, avec fig. 6 fr.
74. BINET (Alf.). *Les Altérations de la personnalité. 1 vol. in-8, avec figures. 2ᵉ édit. 6 fr.
75. DE QUATREFAGES (A.). *Darwin et ses précurseurs français. 1 vol. in-8. 2ᵉ édition refondue. 6 fr.
76. LEFÈVRE (A.). * **Les Races et les langues.** 1 vol. in-8. 6 fr.
77-78. DE QUATREFAGES (A.).*Les Emules de Darwin. 2 vol. in-8, avec préfaces de MM. E. PERRIER et HAMY. 12 fr.
79. BRUNACHE (P.). *Le Centre de l'Afrique. Autour du Tchad. 1 vol. in-8, avec figures. 6 fr.
80. ANGOT (A.). *Les Aurores polaires. 1 vol. in-8, avec figures. 6 fr.
81. JACCARD. *Le pétrole, le bitume et l'asphalte au point de vue géologique. 1 vol. in-8, avec figures. 6 fr.
82. MEUNIER (Stan.). *La Géologie comparée. 2ᵉ éd. in-8, avec fig. 6 fr.
83. LE DANTEC. *Théorie nouvelle de la vie. 3ᵉ éd. 1 v. in-8, avec fig. 6 fr.
84. DE LANESSAN.* **Principes de colonisation.** 1 vol. in-8. 6 fr.
85. DEMOOR, MASSART et VANDERVELDE. *L'évolution régressive en biologie et en sociologie. 1 vol. in-8, avec gravures. 6 fr.
86. MORTILLET (G. de). *Formation de la Nation française. 2ᵉ édit. 1 vol. in-8, avec 150 gravures et 18 cartes. 6 fr.
87. ROCHÉ (G.). *La Culture des Mers (piscifacture, pisciculture, ostréiculture). 1 vol. in-8, avec 81 gravures. 6 fr.
88. COSTANTIN (J.). *Les Végétaux et les Milieux cosmiques (adaptation, évolution). 1 vol. in-8, avec 171 gravures. 6 fr.
89. LE DANTEC. **L'évolution individuelle et l'hérédité.** 1 vol. in-8. 6 fr.
90. GUIGNET et GARNIER. *La Céramique ancienne et moderne. 1 vol., avec grav. 6 fr.
91. GELLÉ (E.-M.). * **L'audition et ses organes.** 1 v. in-8, avec gr. 6 fr.
92. MEUNIER (St.). *La Géologie expérimentale. 2ᵉ éd. in-8, av. gr. 6 fr.
93. COSTANTIN (J.). *La Nature tropicale. 1 vol. in-8, avec grav. 6 fr.
94. GROSSE (E.). *Les débuts de l'art. Introduction de L. MARILLIER. 1 vol. in-8, avec 32 gravures dans le texte et 3 pl. hors texte. 6 fr.
95. GRASSET (J.). **Les Maladies de l'orientation et de l'équilibre.** 1 vol. in-8, avec gravures. 6 fr.
96. DEMENŸ (G.). *Les bases scientifiques de l'éducation physique. 1 vol. in-8, avec 198 gravures. 2ᵉ édit. 6 fr.
97. MALMÉJAC (F.). *L'eau dans l'alimentation. 1 v. in-8, av. grav. 6 fr.
98. MEUNIER (Stan.). *La géologie générale. 1 v. in-8, av. grav. 6 fr.
99. DEMENŸ (G.). **Mécanisme et éducation des mouvements.** 2ᵉ édit. 1 vol. in-8, avec 565 gravures. 9 fr.
100. BOURDEAU (L.). **Histoire de l'habillement et de la parure.** 1 vol. in-8. 6 fr.
101. MOSSO (A.). **Les exercices physiques et le développement intellectuel.** 1 vol. in-8. 6 fr.
102. LE DANTEC (F.). **Les lois naturelles.** 1 vol. in-8, avec grav. 6 fr.
103. NORMAN LOCKYER. **L'évolution inorganique.** 1 vol. in-8, avec gravures. 6 fr.
104. COLAJANNI (N.). **Latins et Anglo-Saxons.** 1 vol. in-8. 9 fr.
105. JAVAL (E.). **Physiologie de la lecture et de l'écriture.** 1 vol. in-8. avec 90 gravures. 6 fr.

BIBLIOTHEQUE
SCIENTIFIQUE INTERNATIONALE
(105 volumes parus)

LISTE PAR ORDRE DE MATIÈRES DES VOLUMES

PHYSIOLOGIE

LE DANTEC. Théorie nouvelle de la vie.
GELLÉ (E.-M.), L'audition et ses organes, ill.
BINET et FÉRÉ. Le Magnétisme animal, *illustré*.
BINET. Les Altérations de la personnalité, *illustré*.
BERNSTEIN. Les Sens, *illustré*.
MAREY. La Machine animale, *illustré*.
PETTIGREW. La Locomotion chez les animaux ill.
JAMES SULLY. Les Illusions des sens et de l'esprit, *illustré*.
DE MEYER. Les Organes de la parole, *illustré*.
LAGRANGE. Physiologie des exercices du corps.
RICHET (Ch.). La Chaleur animale, *illustré*.
BEAUNIS. Les Sensations internes.
ARLOING. Les Virus, *illustré*.
DEMENY. Bases scientifiques de l'éducation physique, *illustré*.
DEMENY. Mécanisme et éducation des mouvements, *illustré*.   9 fr.

PHILOSOPHIE SCIENTIFIQUE

ROMANES. L'Intelligence des animaux. 2 vol. *illust.*
LUYS. Le Cerveau et ses fonctions, *illustré*.
CHARLTON BASTIAN. Le Cerveau et la Pensée chez l'homme et les animaux. 2 vol. *illustrés*.
BAIN. L'Esprit et le Corps.
MAUDSLEY. Le Crime et la Folie.
LÉON DUMONT. Théorie scientifique de la sensibilité.
PERRIER. La Philosophie zoologique avant Darwin.
STALLO. La Matière et la Physique moderne.
MANTEGAZZA. La Physionomie et l'Expression des sentiments, *illustré*.
DREYFUS. L'Évolution des mondes et des sociétés.
LUBBOCK. Les Sens et l'Instinct chez les animaux, *illustré*.
LE DANTEC. L'évolution individuelle et l'hérédité.
LE DANTEC. Les lois naturelles, *illustré*.
GRASSET. Les maladies de l'orientation et de l'équilibre, *illustré*.
NORMAN LOCKYER. L'évolution inorganique.
JAVAL (E.). Physiologie de la lecture et de l'écriture.

ANTHROPOLOGIE

MORTILLET (G. DE). Formation de la nation française, *illustré*.
DE QUATREFAGES. L'Espèce humaine.
LUBBOCK. L'Homme préhistorique. 2 vol. *illustrés*.
CARTAILHAC. La France préhistorique, *illustré*.
TOPINARD. L'Homme dans la nature, *illustré*.
LEFÈVRE. Les Races et les langues.
BRUNACHE. Le Centre de l'Afrique. Autour du Tchad, *illustré*.

ZOOLOGIE

ROCHÉ (G.). La Culture des mers, *illustré*.
SCHMIDT. Les Mammifères dans leurs rapports avec leurs ancêtres géologiques, *illustré*.
SCHMIDT. Descendance et Darwinisme, *illustré*.
HUXLEY. L'Écrevisse (Introduction à la zoologie), *illustré*.
VAN BENEDEN. Les Commensaux et les Parasites du règne animal, *illustré*.
LUBBOCK. Fourmis, Abeilles et Guêpes. 2 vol. *illustrés*.
TROUESSART. Les Microbes, les Ferments et les Moisissures, *illustré*.
HARTMANN. Les Singes anthropoïdes et leur organisation comparée à celle de l'homme, *illustré*.
DE QUATREFAGES. Darwin et ses précurseurs français.
DE QUATREFAGES. Les Émules de Darwin. 2 vol.

BOTANIQUE — GÉOLOGIE

DE SAPORTA et MARION. L'Évolution du règne végétal (les Cryptogames), *illustré*.
DE SAPORTA et MARION. L'Évolution du règne végétal (les Phanérogames). 2 vol. *illustrés*.
COOKE et BERKELEY. Les Champignons, *illustré*.
DE CANDOLLE. Origine des plantes cultivées.
DE LANESSAN. Le Sapin (Introduction à la botanique), *illustré*.
FUCHS. Volcans et Tremblements de terre, *illustré*.
DAUBRÉE. Les Régions invisibles du globe et des espaces célestes, *illustré*.
JACCARD. Le Pétrole, l'Asphalte et le Bitume, ill.
MEUNIER (St.). La Géologie comparée, *illustré*.
MEUNIER (St.). La Géologie expérimentale, ill.
MEUNIER (St.). La Géologie générale, *illustré*.
COSTANTIN (J.). Les Végétaux et les milieux cosmiques, *illustré*.
COSTANTIN (J.). La Nature tropicale, *illustré*.

CHIMIE

WURTZ. La Théorie atomique.
BERTHELOT. La Synthèse chimique.
BERTHELOT. La Révolution chimique : Lavoisier.
SCHUTZENBERGER. Les Fermentations, *illustré*.
MALMÉJAC. L'Eau dans l'alimentation, *illustré*.

ASTRONOMIE — MÉCANIQUE

SECCHI (le Père). Les Étoiles. 2 vol. *illustrés*.
YOUNG. Le Soleil, *illustré*.
ANGOT. Les Aurores polaires, *illustré*.
THURSTON. Histoire de la machine à vapeur. 2 v. ill.

PHYSIQUE

BALFOUR STEWART. La Conservation de l'énergie, *illustré*.
TYNDALL. Les Glaciers et les Transformations de l'eau, *illustré*.

THÉORIE DES BEAUX-ARTS

GROSSE. Les débuts de l'art, *illustré*.
GUIGNET et GARNIER. La Céramique ancienne et moderne, *illustré*.
BRUCKE et HELMHOLTZ. Principes scientifiques des beaux-arts, *illustré*.
ROOD. Théorie scientifique des couleurs, *illustré*.
P. BLASERNA et HELMHOLTZ. Le Son et la Musique, *illustré*.

SCIENCES SOCIALES

HERBERT SPENCER. Introduction à la science sociale.
HERBERT SPENCER. Les Bases de la morale évolutionniste.
A. BAIN. La Science de l'éducation.
DE LANESSAN. Principes de colonisation.
DEMOOR, MASSART et VANDERVELDE. L'Évolution régressive en biologie et en sociologie, *illustré*.
BAGEHOT. Lois scientifiques du développement des nations.
DE ROBERTY. La Sociologie.
DRAPER. Les Conflits de la science et de la religion.
STANLEY JEVONS. La Monnaie et le Mécanisme de l'échange.
WHITNEY. La Vie du langage.
STARCKE. La Famille primitive, ses origines, son développement.
BOURDEAU. Hist. de l'habillement et de la parure.
MOSSO (A.). Les exercices physiques et le développement intellectuel.
COLAJANNI. Latins et Anglo-Saxons   9 fr.

Chaque volume 6 fr., sauf DEMENY, *Mécanisme*, et COLAJANNI, *Latins et Anglo-Saxons*, à 9 fr.

RÉCENTES PUBLICATIONS

HISTORIQUES, PHILOSOPHIQUES ET SCIENTIFIQUES
qui ne se trouvent pas dans les collections précédentes.

ALAUX. **Esquisse d'une philosophie de l'être.** In-8. 1 fr.
— **Les Problèmes religieux au XIX° siècle.** 1 vol. in-8. 7 fr. 50
— **Philosophie morale et politique.** In-8. 1893. 7 fr. 50
— **Théorie de l'Âme humaine.** 1 vol. in-8. 1895. 10 fr. (Voy. p. 2.)
— **Dieu et le Monde.** *Essai de phil. première.* 1901. 1 vol. in-12. 2 fr. 50
ALTMEYER. **Les Précurs. de la réforme aux Pays-Bas** 2 v. in-8. 12 fr.
AMIABLE (Louis). **Une loge maçonnique d'avant 1789.** 1 v. in-8. 6 fr.
Annales de sociologie et mouvement sociologique (Première année, 1900-1901), publ. par la Soc. belge de Sociologie. 1 vol. in-8. 1903. 12 fr.
ANSIAUX (M.). **Heures de travail et salaires.** In-8. 1896. 5 fr.
ARNAUNÉ (A.), directeur de la Monnaie. **La monnaie, le crédit et le change,** 2° édition, revue et augmentée. 1 vol. in-8. 1902. 8 fr.
ARRÉAT. **Une Éducation intellectuelle.** 1 vol. in-18. 2 fr. 50
— **Journal d'un philosophe.** 1 vol. in-18. 3 fr. 50 (Voy. p. 2 et 5.)
*Autour du monde, par les BOURSIERS DE VOYAGE DE L'UNIVERSITÉ DE PARIS. (*Fondation Albert Kahn*). 1 vol. gr. in-8. 1904. 5 fr.
AZAM. **Hypnotisme et double conscience.** 1 vol. in-8. 9 fr.
BALFOUR STEWART et TAIT. **L'Univers invisible.** 1 vol. in-8. 7 fr.
BARTHÉLEMY-SAINT-HILAIRE. (Voy. pages 5 et 11, ARISTOTE.)
— *Victor Cousin, sa vie, sa correspondance.* 3 vol. in-8. 1895. 30 fr.
BELLANGER (A.), docteur ès lettres. **Les concepts de cause et l'activité intentionnelle de l'esprit.** 1 vol. in-8. 1905. 5 fr.
BENOIST-HANAPPIER (L), docteur ès lettres, professeur au lycée de Caen. **Le drame naturaliste en Allemagne.** 1 vol. in-8 1905. 7 fr. 50
BERNATH (de). **Cléopâtre.** *Sa vie, son règne.* 1 vol in-8. 1903. 8 fr.
BERTON (H.), docteur en droit. **L'évolution constitutionnelle du second empire.** Doctrines, textes, histoire. 1 fort vol. in-8. 1900. 12 fr.
BLONDEAU (C.). **L'absolu et sa loi constitutive.** 1 vol. in-8. 1897. 6 fr.
BLUM (E.), agrégé de philosophie. *La Déclaration des Droits de l'homme.* Texte et commentaire. Préface de M. G. COMPAYRÉ, Inspecteur général. *Récompensé par l'Institut.* 3° édit. 1 vol. in-8. 1905. 3 fr. 75
BOILLEY (P.). **La Législation internationale du travail.** In-12. 3 fr.
— **Les trois socialismes** : anarchisme, collectivisme, réformisme. 3 fr. 50
— **De la production industrielle.** In-12. 1899. 2 fr. 50
BOURDEAU (Louis). **Théorie des sciences.** 2 vol. in-8. 20 fr.
— **La Conquête du monde animal.** In-8. 5 fr.
— **La Conquête du monde végétal.** In-8. 1893. 5 fr.
— **L'Histoire et les historiens.** 1 vol. in-8. 7 fr. 50
— *Histoire de l'alimentation.* 1894. 1 vol. in-8. 5 fr.
BOUTROUX (Em.). *De l'idée de loi naturelle dans la science et la philosophie.* 1 vol. in-8. 1895. 2 fr. 50.
BRANDON-SALVADOR (Mme). **A travers les moissons.** *Ancien Test. Talmud. Apocryphes. Poètes et moralistes juifs du moyen âge.* In-16. 1903. 4 fr.
BRASSEUR. **La question sociale.** 1 vol. in-8. 1900. 7 fr. 50
BROOKS ADAMS. **Loi de la civilisat. et de la décad.** In-8. 1899. 7 fr. 50
BROUSSEAU (K.). **Éducation des nègres aux États-Unis.** 1904. In-8. 7 fr. 50
BÜCHER (Karl). **Études d'histoire et d'économie polit.** In-8. 1901. 6 fr.
BUDÉ (E. de). **Les Bonaparte en Suisse.** 1 vol. in-12. 1905. 3 fr. 50
BUNGE (N.-Ch.). **Littérature poli-économique.** 1 vol. in-8. 1898. 7 fr. 50
BUNGE (C.-O.). **Psychologie individuelle et sociale.** In-16. 1904. 3 fr.
CANTON (C.). **Napoléon antimilitariste.** 1902. In-16. 3 fr. 50

GARDON (G.). *Les Fondateurs de l'Université de Douai. In-8, 10 fr.
GELS (A.). Science de l'homme et anthropologie. 1904. 1 vol. in-8, 7 fr. 50
CHARRIAULT (H.). Après la séparation. *Enquête sur l'avenir des Eglises.* 1 vol. in-12. 1905. 3 fr 50
CLAMAGERAN. La Réaction économique et la démocratie. In-18. 1 fr. 25
— La lutte contre le mal. 1 vol. in-18. 1897. 3 fr. 50
— Études politiques, économiques et administratives. Préface de M. BERTHELOT. 1 vol. gr. in-8. 1904. 10 fr.
— Philosophie religieuse. *Art et voyages.* 1 vol. in-12. 1904. 3 fr. 50
— Correspondance (1849-1902). 1 vol. gr. in-8. 1905. 10 fr.
COMBARIEU (J.). *Les rapports de la musique et de la poésie considérés au point de vue de l'expression. 1 vol. in-8. 1893. 7 fr. 50
Congrès de l'Éducation sociale, Paris 1900. 1 vol. in-8. 1901. 10 fr.
IV° Congrès International de Psychologie, Paris 1900. 1 vol. in-8. 1901. 20 fr.
Congrès de l'enseignement des Sciences sociales, Paris 1900. 1 vol. in-8. 1901. 7 fr. 50.
COSTE (Ad.). Hygiène sociale contre le paupérisme. In-8. 6 fr.
— Économie politique et physiologie sociale. In-18. 3 fr. 50.
(Voy. p. 2, 6 et 30.)
COUBERTIN (P. de) La gymnastique utilitaire. *Défense, Sauvetage, Locomotion.* 1 vol. in-12. 2 fr. 50
COUTURAT (Louis). *De l'infini mathématique. In-8. 1896. 12 fr.
DANY (G.), docteur en droit. *Les idées politiques en Pologne à la fin du XVIII° siècle. *La Constit. du 3 mai 1793,* in-8, 1901. 6 fr.
DAREL (Th.). La Folie. *Ses causes, Sa thérapeutique.* 1901, in-12. 4 fr.
— Le peuple-roi. *Essai de sociologie universaliste.* In-8. 1904. 3 fr. 50
DAURIAC. Croyance et réalité. 1 vol. in-18. 1889. 3 fr. 50
— Le Réalisme de Reid. In-8. 1 fr.
DAUZAT (A.), docteur en droit. Du Rôle des Chambres en matière de traités internationaux. 1 vol. grand in-8. 1899. 5 fr. (V. p. 18.)
DEFOURNY(M.). La sociologie positiviste. *Auguste Comte.* In-8. 1902. 6 fr.
DERAISMES (Mlle Maria). Œuvres complètes. 4 vol. Chacun. 3 fr. 50
DESCHAMPS. Principes de morale sociale. 1 vol. in-8. 1903. 3 fr. 50.
DESPAUX. Genèse de la matière et de l'énergie. In-8. 1900. 4 fr.
— Causes des énergies attractives. 1 vol. in-8. 1902. 5 fr.
— Explication mécanique de la matière, de l'électricité et du magnétisme. 1 vol. in-8. 1905. 4 fr.
DOLLOT (R.), docteur en droit. Les origines de la neutralité de la Belgique (1609-1830). 1 vol. in-8. 1902. 10 fr.
DROZ (Numa). Études et portraits politiques. 1 vol. in-8. 1895. 7 fr. 50
— Essais économiques. 1 vol. in-8. 1896. 7 fr. 50
— La démocratie fédérative et le socialisme d'État. In-12. 1 fr.
DUBUC (P.). *Essai sur la méthode en métaphysique. 1 vol. in-8. 5 fr.
DUGAS (L.). *L'amitié antique. 1 vol. in-8. 1895. 7 fr. 50
DUNAN. *Sur les formes a priori de la sensibilité. 1 vol. in-8. 5 fr.
DUNANT (E.). Les relations diplomatiques de la France et de la République helvétique (1798-1803). 1 vol. in-8. 1902. 20 fr.
DU POTET. Traité complet de magnétisme. 5° éd. 1 vol. in-8. 8 fr.
— Manuel de l'étudiant magnétiseur. 6° éd., gr. in-18, avec fig. 3 fr. 50
— Le magnétisme opposé à la médecine. 1 vol. in-8. 6 fr.
DUPUY (Paul). Les fondements de la morale. In-8. 1900. 5 fr.
— Méthodes et concepts. 1 vol. in-8. 1903. 5 fr.
Durée légale du travail (La), par MM. FAGNOT, MILLERAND et STROHL. 1 vol. in-12. 1905. 3 fr. 50
*Entre Camarades. par les anciens élèves de l'Université de Paris. *Histoire, littérature, philologie, philosophie,* 1901, in-8. 10 fr.
ESPINAS (A.) *Les Origines de la technologie. 1 vol. in-8. 1897. 5 fr.
FEDERICI. Les Lois du progrès. 2 vol. in-8, Chacun. 6 fr.

FERRÈRE (F.). La situation religieuse de l'Afrique romaine depuis la fin du IV° siècle jusqu'à l'invasion des Vandales. 1 v. in-8. 1898. 7 fr. 50

FERRIÈRE (Em.). Les Apôtres, essai d'histoire religieuse. 1 vol. in-12. 4 fr. 50
— **L'Ame est la fonction du cerveau.** 2 volumes in-18.   7 fr.
— **Le Paganisme des Hébreux.** 1 vol. in-18,   3 fr. 50
— **La Matière et l'Énergie.** 1 vol. in-18,   4 fr. 50
— **L'Ame et la Vie.** 1 vol. in-18.   4 fr. 50
— **Les Mythes de la Bible.** 1 vol. in-18. 1893.   3 fr. 50
— **La Cause première d'après les données expérim.** In-18. 1896. 3 fr. 50
— **Étymologie de 400 prénoms.** In-18. 1898. 1 fr. 50 (V. p. 11 et 30).

Fondation universitaire de Belleville (La), Ch. GIDE, *Travail intellect. et travail manuel*; J. BARDOUX, *Prem. efforts et prem. année.* In-16. 1 fr. 50

GELEY (G.). Les preuves du transformisme et les enseignements de la doctrine évolutionniste. 1 vol. in-8. 1901.   6 fr.

GILLET (M.). Du fondement intellectuel de la morale. In-8.   3 fr. 75

GIRAUD-TEULON. Les origines de la papauté *d'après Dollinger*. 1 vol. in-12. 1905.   2 fr.

GOBLET D'ALVIELLA. L'Idée de Dieu, d'après l'anthr. et l'histoire. In-8. 6 fr.
— **La représentation proportionnelle en Belgique,** 1900. 4 fr. 50

GOURD. Le Phénomène. 1 vol. in-8.   7 fr. 50

GREEF (Guillaume de). Introduction à la Sociologie. 2 vol. in-8. 10 fr.
— **L'évol. des croyances et des doctr. polit.** In-12. 1895. 4 fr. (V. p. 3 et 7.)

GRIVEAU (M.). Les Éléments du beau. In-18.   4 fr. 50
— **La Sphère de beauté,** 1901. 1 vol. in-8.   10 fr.

GUYAU. Vers d'un philosophe. In-18. 3° édit.   3 fr. 50

HALLEUX (J.). L'Évolutionnisme en morale (*H. Spencer*). In-12. 1901.   3 fr. 50

HALOT (C.). L'Extrême-Orient. *Études d'hier. Événements d'aujourd'hui.* 1 vol. in-16. 1905.   4 fr.

HARRACA (J.-M.). Contribution à l'étude de l'Hérédité et des principes de la formation des races. 1 vol. in-18. 1898.   2 fr.

HIRTH (G.). Pourquoi sommes-nous distraits ? 1 vol. in-8. 1895.   2 fr.

HOCQUART (E.). L'Art de juger le caractère des hommes sur leur écriture, préface de J. CRÉPIEUX-JAMIN. Br. in-8. 1898.   1 fr.

HORVATH, KARDOS et ENDRODI. *Histoire de la littérature hongroise,* adapté du hongrois par J. KONT. Gr. in-8, avec gr. 1900. Br. 10 fr. Rel. 15 fr.

ICARD. Paradoxes ou vérités. 1 vol. in-12. 1895.   3 fr. 50

JAMES (W.). L'Expérience religieuse, traduit par F. ABAUZIT, agrégé de philosophie. 1 vol. in-8°. 1905.   (*Sous presse*).

JANSSENS. Le néo-criticisme de Ch. Renouvier. In-16. 1904.   3 fr. 50

JOURDY (Général). L'Instruction de l'armée française, de 1815 à 1902. 1 vol. in-16. 1903.   3 fr. 50

JOYAU. De l'Invention dans les arts et dans les sciences. 1 v. in-8. 5 fr.
— **Essai sur la liberté morale.** 1 vol. in-18.   3 fr. 50

KARPPE (S.), docteur ès lettres, Les origines et la nature du Zohar, précédé d'une *Étude sur l'histoire de la Kabbale.* 1901. In-8. 7 fr. 50

KAUFMANN. La cause finale et son importance. In-12.   2 fr. 50

KINGSFORD (A.) et MAITLAND (E.). La Voie parfaite ou le Christ ésotérique, précédé d'une préface d'Edouard SCHURÉ. 1 vol. in-8. 1892. 6 fr.

KOSTYLEFF. Esquisse d'une évolution dans l'histoire de la philosophie. 1 vol. in-16. 1903.   2 fr. 50

LAFONTAINE. L'art de magnétiser. 7° édit. 1 vol. in-8.   5 fr.
— **Mémoires d'un magnétiseur.** 2 vol. gr. in-18.   7 fr.

LANESSAN (de). Le Programme maritime de 1900-1906. In-12. 2° éd. 1903.   3 fr. 50
          L'action républicaine dans la marine, 1 brochure in-12. 1 fr.

LAVELEYE (Em. de). **De l'avenir des peuples catholiques.** In-8. 25 c.
— **Essais et Études.** Première série (1861-1875). — Deuxième série (1875-1882). — Troisième série (1892-1894). Chaque vol. in-8. 7 fr. 50
LEFÉBURE (C'). **Méthode de gymnastique éducative.** 1905. 1 vol. in-8 avec planches. 5 fr.
LEMAIRE (P.). **Le cartésianisme chez les Bénédictins.** In-8. 6 fr. 50
LEMAITRE (J.), professeur au Collège de Genève. **Audition colorée et phénomènes connexes observés chez des écoliers.** In-12. 1900. 4 fr.
LETAINTURIER (J.). **Le socialisme devant le bon sens.** In-18. 1 fr. 50
LEVI (Eliphas). **Dogme et rituel de la haute magie.** 3° édit. 2 vol. in-8, avec 24 figures. 18 fr.
— **Histoire de la magie.** Nouvelle édit. 1 vol. in-8, avec 90 fig. 12 fr.
— **La clef des grands mystères.** 1 vol. in-8, avec 22 pl. 12 fr.
— **La science des esprits.** 1 vol. 7 fr.
LÉVY (Albert). *Psychologie du caractère. In-8. 1896. 5 fr.
LEVY (L.-G.), docteur ès lettres. **La famille dans l'antiquité israélite.** 1 vol. in-8. 1905. 5 fr.
LÉVY-SCHNEIDER (L.), docteur ès lettres. **Le conventionnel Jeanbon Saint-André (1749-1813).** 1901. 2 vol. in-8. 15 fr.
LICHTENBERGER (A.). **Le socialisme au XVIII° siècle.** In-8. 1895. 7 fr. 50
LIESSE (A.), prof. au Conservatoire des Arts et Métiers. **La statistique.** *Ses difficultés. Ses procédés. Ses résultats.* In-16, 1905. 2 fr. 50
MABILLEAU (L.). *Histoire de la philos. atomistique. In-8. 1895. 12 fr.
MAINDRON (Ernest). *L'Académie des sciences (Histoire de l'Académie; fondation de l'Institut national; Bonaparte, membre de l'Institut). In-8 cavalier, 53 grav., portraits, plans. 8 pl. hors texte et 2 autographes. 6 fr.
MANACÉINE (Marie de). **L'anarchie passive et Tolstoï.** In-18. 2 fr.
MANDOUL (J.) **Un homme d'État italien : Joseph de Maistre.** In-8. 8 fr.
MARGUERY (E.). **Le droit de propriété et le régime démocratique.** 1 vol. in-16. 1905. 2 fr. 50
MARIÉTAN (J.). **La classification des sciences, d'Aristote à saint Thomas.** 1 vol. in-8. 1901. 3 fr.
MATAGRIN. **L'esthétique de Lotze.** 1 vol. in-12. 1900. 2 fr.
MATTEUZZI. **Les facteurs de l'évolution des peuples.** In-8. 1900. 6 fr.
MERCIER (Mgr). **Les origines de la psych. contemp.** In-12. 1898. 5 fr.
MICHOTTE (A.). **Les signes régionaux** (répartition de la sensibilité tactile). 1 vol. in-8 avec planches. 1905. 5 fr.
MILHAUD (G.) *Le positiv. et le progrès de l'esprit. In-16. 1902. 2 fr. 50
MISMER (Ch.). **Principes sociologiques.** 1 vol. in-8. 2° éd. 1897. 5 fr.
MONNIER (Marcel). *Le drame chinois. 1 vol. in-16. 1900. 2 fr. 50
MORIAUD (P.). **La liberté et la conduite humaine.** In-12. 1897. 3 fr. 50
NEPLUYEFF (N. de). **La confrérie ouvrière et ses écoles.** in-12. 2 fr.
NODET (V.). **Les agnosies, la cécité psychique.** In-8. 1899. 4 fr.
NOVICOW (J.). **La Question d'Alsace-Lorraine.** In-8. 1 fr. (V. p. 4, 9 et 17.)
— **La Fédération de l'Europe.** 1 vol. in-18. 2° édit. 1901. 3 fr. 50
— **L'affranchissement de la femme.** 1 vol. in-16. 1903. 3 fr.
PARIS (Comte de). **Les Associations ouvrières en Angleterre** (Tradesunions). 1 vol. in-18. 7° édit. 1 fr. — Édition sur papier fort. 2 fr. 50
PAUL-BONCOUR (J.). **Le fédéralisme économique,** préf. de M. WALDECK-ROUSSEAU. 1 vol. in-8. 2° édition. 1901. 6 fr.
PAULHAN (Fr.). **Le Nouveau mysticisme.** 1 vol. in-18. 1891. 2 fr. 50
PELLETAN (Eugène). *La Naissance d'une ville (Royan). In-18. 2 fr.
— *Jarousseau, le pasteur du désert. 1 vol. in-18. 2 fr.
— *Un Roi philosophe. *Frédéric le Grand.* In-18. 3 fr. 50
— **Droits de l'homme.** In-16. 3 fr. 50
— **Profession de foi du XIX° siècle.** In-16. 3 fr. 50
PEREZ (Bernard). **Mes deux chats.** In-12, 2° édition. 1 fr. 50
— **Jacotot et sa Méthode d'émancipation intellect.** In-18. 3 fr.
— **Dictionnaire abrégé de philosophie.** 1893. in-12. 1 fr. 50 (V. p. 9.)

PHILBERT (Louis). **Le Rire.** In-8. (Cour. par l'Académie française.) 7 fr. 50
PHILIPPE (J.). **Lucrèce dans la théologie chrétienne.** In-8. 2 fr. 50
PHILIPPSON (J.). **L'autonomie et la centralisation du système nerveux des animaux.** 1 vol. in-8 avec planches. 1905. 5 fr.
PIAT (C.). **L'intellect actif.** 1 vol. in-8. 4 fr.
— **L'idée ou critique du Kantisme.** 2ᵉ édition 1901. 1 vol. in-8. 6 fr.
PICARD (Ch.). **Sémites et Aryens** (1893). In-18. 1 fr. 50
PICARD (E.). **Le Droit pur.** 1 v. in-8. 1899. 7 fr. 50
PICTET (Raoul). **Étude critique du matérialisme et du spiritualisme par la physique expérimentale.** 1 vol. gr. in-8. 1896. 10 fr.
PINLOCHE (A.), professeur honᵣ de l'Univ. de Lille. *Pestalozzi et l'éducation populaire moderne.** In-16. 1902. (*Cour. par l'Institut.*) 2 fr. 50
POEY. **Littré et Auguste Comte.** 1 vol. in-18. 3 fr. 50
* **Pour et contre l'enseign. philosophique** (*Enquête*). In-18. 1894. 2 fr.
PRAT (Louis). **Le mystère de Platon** (Aglaophamos). 1 v. in-8. 1900. 4 fr.
— **L'Art et la beauté** (Kalliklès). 1 vol. in-8. 1903. 5 fr.
PRÉAUBERT. **La vie, mode de mouvement.** In-8. 1897. 5 fr.
Protection légale des travailleurs (La). 1 vol. in-12. 1904. 3 fr. 50
On vend séparément les dix conférences composant ce volume, chacune 0 fr. 60
REGNAUD (P.). **L'origine des idées éclairée par la science du langage.** 1904. In-12. 1 fr. 50
RENOUVIER, de l'Inst. Uchronie, *Utopie dans l'Histoire.* 2ᵉ éd. 1901. In-8. 7 50
RIBOT (Paul). **Spiritualisme et Matérialisme.** 2ᵉ éd. 1 vol. in-8. 6 fr.
ROBERTY (J.-E.) **Auguste Bouvier,** pasteur et théologien protestant. 1826-1893. 1 fort vol. in-12. 1901. 3 fr. 50
ROISEL. **Chronologie des temps préhistoriques.** In-12. 1900. 1 fr.
ROTT (Ed.). **La représentation diplomatique de la France auprès des cantons suisses confédérés.** T. I (1498-1559). 1 vol. gr. in-8. 1900, 12 fr. — T. II (1559-1610). 1 vol. gr. in-8. 1902. 15 fr.
SAGE (V.). **Le Sommeil naturel et l'hypnose.** 1904. 1 vol. in-18. 3 fr. 50
SAUSSURE (L. de). '**Psychol. de la colonisation franç.** In-12. 3 fr. 50
SAYOUS (E.). *Histoire générale des Hongrois.** 2ᵉ éd. revisée. 1 vol. grand in-8, avec grav. et pl. hors texte. 1900. Br. 15 fr. Relié. 20 fr.
SCHINZ (W.). **Problème de la tragéd. en Allemagne.** In-8. 1903. 1 fr. 25
SECRÉTAN (H.). **La Société et la morale.** 1 vol. in-12. 1897. 3 fr. 50
SEIPPEL (P.), professeur à l'École polytechnique de Zurich. **Les deux Frances et leurs origines historiques.** 1 vol. in-8. 1905. 7 fr. 50
SKARZYNSKI (L.). *Le progrès social à la fin du XIXᵉ siècle. Préface de M. Léon Bourgeois. 1901. 1 vol. in-12. 4 fr. 50
SOREL (Albert), de l'Acad. franç. **Traité de Paris de 1815.** In-8. 4 fr. 50
STOCQUART (Emile). **Le contrat de travail.** In-12. 1895. 3 fr.
TEMMERMAN, directeur d'École normale. **Notions de psychologie appliquées à la pédagogie et à la didactique.** In-8, avec fig. 1903. 3 fr.
VAN BIERVLIET (J.-J.). **Psychologie humaine.** 1 vol. in-8. 8 fr.
— **La Mémoire.** Br. in-8. 1893. 2 fr.
— **Études de psychologie.** 1 vol. in-8. 1901. 4 fr.
— **Causeries psychologiques.** 1 vol. in-8. 1902. 3 fr.
— **Esquisse d'une éducation de la mémoire.** 1904. In-16. 2 fr.
VITALIS. **Correspondance politique de Dominique de Gabre.** 1904. 1 vol. in-8. 12 fr. 50
WEIL (Denis). **Droit d'association et Droit de réunion.** In-12. 3 fr. 50
— **Élections législatives,** législation et mœurs. 1 vol. in-18. 1895. 3 fr. 50
ZAPLETAL. **Le récit de la création dans la Genèse.** In-8. 3 fr. 50
ZIESING (Th.). **Érasme ou Salignac.** Étude sur la lettre de François Rabelais. 1 vol. gr. in-8. 4 fr.
ZOLLA (D.). **Les questions agricoles d'hier et d'aujourd'hui.** 1894, 1895. 2 vol. in-12. Chacun. 3 fr. 50

BIBLIOTHÈQUE UTILE

HISTOIRE. — GÉOGRAPHIE. — SCIENCES PHYSIQUES ET NATURELLES. — ENSEIGNEM
ÉCONOMIE POLITIQUE ET DOMESTIQUE. — ARTS. — DROIT USUEL.

125 élégants volumes in-32, de 192 pages chacun

Le volume broché, 60 centimes; en cartonnage anglais, 1 franc.

1. Morand. Introduction à l'étude des sciences physiques. 6° édit.
2. Cruveilhier. Hygiène générale. 9° édit.
3. Gerbon. De l'enseignement professionnel. 4° édit.
4. L. Pichat. L'art et les artistes en France. 5° édit.
5. Buchez. Les Mérovingiens. 6° édit.
6. Buchez. Les Carlovingiens. 2° édit.
7. F. Morin. La France au moyen âge. 5° édit.
8. Bastide. Luttes religieuses des premiers siècles. 5° édit.
9. Bastide. Les guerres de la Réforme. 5° édit.
10. Pelletan. Décadence de la monarchie française. 5° édit.
11. Brothier. Histoire de la terre. 8° éd.
12. Bouant. Les principaux faits de la chimie (avec fig.).
13. Turck. Médecine populaire. 6° édit.
14. Morin. La loi civile en France. 5° édit.
15. Paul Louis. Les lois ouvrières.
16. (Épuisé).
17. Catalan. Notions d'astronomie. 6° édit.
18. Cristal. Les délassements du travail. 4° édit.
19. V. Meunier. Philosophie zoologique. 3° édit.
20. J. Jourdan. La justice criminelle en France. 4° édit.
21. Ch. Rolland. Histoire de la maison d'Autriche. 4° édit.
22. Eug. Despois. Révolution d'Angleterre. 4° édit.
23. B. Gastineau. Les génies de la science et de l'industrie. 2° édit.
24. Leneveux. Le budget du foyer. Économie domestique. 3° édit.
25. L. Combes. La Grèce ancienne. 4° édit.
26. F. Look. Histoire de la Restauration. 5° édit.
27. (Épuisé).
28. Elie Margollé. Les phénomènes de la mer. 7° édit.
29. L. Collas. Histoire de l'empire ottoman. 3° édit.
30. F. Zurcher. Les phénomènes de l'atmosphère. 7° édit.
31. B. Raymond. L'Espagne et le Portugal. 3° édit.
32. Eugène Noël. Voltaire et Rousseau. 4° édit.
33. A. Ott. L'Asie occidentale et l'Égypte. 3° édit.
34. (Épuisé).
35. Enfantin. La vie éternelle. 5° édit.
36. Brothier. Causeries sur la mécanique. 5° édit.
37. Alfred Doneaud. Histoire de la marine française. 4° édit.
38. F. Look. Jeanne d'Arc. 3° édit.
39-40. Carnot. Révolution française. 2 vol. 7° édit.
41. Zurcher et Margollé. Télescope et microscope. 2° édit.
42. Biersy. Torrents, fleuves et canaux de la France. 3° édit.
43. Secchi, Wolf, Briot et Delaunay. Le soleil et les étoiles. 5° édit.

44. Stanley Jevons. L'économie politique. 8° édit.
45. Ferrière. Le darwinisme. 7° édit.
46. Leneveux. Paris municipal. 2° édit.
47. Boillot. Les entretiens de Fontenelle sur la pluralité des mondes.
48. Zevort (Edg.). Histoire de Louis-Philippe. 3° édit.
49. Geikie. Géographie physique (avec fig.). 4° édit.
50. Zaborowski. L'origine du langage. 5° édit.
51. H. Blerzy. Les colonies anglaises.
52. Albert Lévy. Histoire de l'air (avec fig.). 4° édit.
53. Geikie. La géologie (avec fig.). 4° édit.
54. Zaborowski. Les migrations des animaux. 3° édit.
55. F. Paulhan. La physiologie de l'esprit. 5° édit.
56. Zurcher et Margollé. Les phénomènes célestes. 3° édit.
57. Girard de Rialle. Les peuples de l'Afrique et de l'Amérique. 2° éd.
58. Jacques Bertillon. La statistique humaine de la France.
59. Paul Gaffarel. La défense nationale en 1792. 2° édit.
60. Herbert Spencer. De l'éducation. 8° édit.
61. Jules Barni. Napoléon I°°. 3° édit.
62. Huxley. Premières notions sur les sciences. 4° édit.
63. P. Bondois. L'Europe contemporaine (1789-1879). 2° édit.
64. Grove. Continents et océans. 3° éd.
65. Jouan. Les îles du Pacifique.
66. Robinet. La philosophie positive. 4° édit.
67. Renard. L'homme est-il libre? 4° édit.
68. Zaborowski. Les grands singes.
69. Hatin. Le Journal.
70. Girard de Rialle. Les peuples de l'Asie et de l'Europe.
71. Doneaud. Histoire contemporaine de la Prusse. 2° édit.
72. Dufour. Petit dictionnaire des falsifications. 4° édit.
73. Henneguy. Histoire de l'Italie depuis 1815.
74. Leneveux. Le travail manuel en France. 2° édit.
75. Jouan. La chasse et la pêche des animaux marins.
76. Regnard. Histoire contemporaine de l'Angleterre.
77. Bouant. Hist. de l'eau (avec fig.).
78. Jourdy. Le patriotisme à l'école.
79. Mongredien. Le libre-échange en Angleterre.
80. Creighton. Histoire romaine (avec fig.)
81-82. P. Bondois. Mœurs et institutions de la France. 2 vol. 2° éd.
83. Zaborowski. Les mondes disparus (avec fig.). 3° édit.
84. Debidour. Histoire des rapports de l'Église et de l'État en France (1789-1871). Abrégé par Dubois et Sarthou.

85. H. Beauregard. Zoologie rale (avec fig.).
86. Wilkins. L'antiquité r (avec fig.). 2° édit.
87. Maigne. Les mines de la et de ses colonies.
88. Broquère. Médecine des acc
89. E. Amigues. A travers le
90. H. Gossin. La machine à (avec fig.).
91. Gaffarel. Les frontières f ses. 2° édit.
92. Dallet. La navigation (avec fig.).
93. Collier. Premiers princip beaux-arts (avec fig.).
94. Larbalétrier. L'agricultur çaise (avec fig.).
95. Gossin. La photographie
96. F. Genevoix. Les matière mières.
97. Monin. Les maladies épidé (avec fig.).
98. Faque. L'Indo-Chine franç
99. Petit. Économie rurale e cole.
100. Mahaffy. L'antiquité (avec fig.).
101. Bère. Hist. de l'armée fra
102. F. Genevoix. Les procé dustriels.
103. Quesnel. Histoire de la co de l'Algérie.
104. A. Coste. Richesse et bo
105. Joyeux. L'Afrique français fig.).
106. G. Mayer. Les chemins (avec gravures).
107. Ad. Coste. Alcoolisme ou gne. 4° édit.
108. Ch. de Larivière. Les o de la guerre de 1870.
109. Gérardin. Botanique g (avec fig.).
110. D. Bellet. Les grands port times de commerce (avec
111. H. Coupin. La vie dans le (avec fig.).
112. A. Larbalétrier. Les plante partement (avec fig.).
113. A. Milhaud. Madagascar.
114. Sérieux et Mathieu. L'Al l'alcoolisme. 2° édit.
115. D° J. Laumonier. L'hyg la cuisine.
116. Adrien Berget. La ville nouvelle. 2° édit.
117. A. Acloque. Les insectes bles (avec fig.).
118. G. Meunier. Histoire de rature française.
119. F. Merklen. La Tuberculos traitement hygiénique.
120. G. Meunier. Histoire d (avec fig.).
121. Larrivé. L'assistance pub
122. Adrien Berget. La pratiq vins.
123. Adrien Berget. Les vins de F
124. Vaillant. Petite chimie de culteur.
125. Zaborowski. L'homme pr rique (avec gravures). 1°

TABLE ALPHABÉTIQUE DES AUTEURS

TABLE DES AUTEURS ÉTUDIÉS

L.-Imprimeries réunies, rue Saint-Benoît, 7, Paris — 1922.